D1941749

Uwe Werner

Ausgefallene Aquarienpfleglinge

Uwe Werner

Ausgefallene Aquarienpfleglinge

Landbuch Verlag

Alle in diesem Buch enthaltenen Angaben, Daten, Ergebnisse etc. wurden vom Autor nach bestem Wissen erstellt und von ihm und dem Verlag mit größtmöglicher Sorgfalt überprüft. Gleichwohl sind inhaltliche Fehler nicht vollständig auszuschließen. Daher erfolgen die Angaben etc. ohne jegliche Verpflichtung oder Garantie des Verlages oder des Autors. Beide übernehmen deshalb keinerlei Verantwortung und Haftung für etwaige inhaltliche Unrichtigkeiten. Der Haftungsausschluß gilt nicht, soweit nach dem Produkthaftungsgesetz für Personen- und Sachschäden gehaftet wird.

Jeder Leser muß beim Umgang mit den genannten Stoffen, Medikamenten, Materialien, Geräten usw. Vorsicht walten lassen, die Gebrauchsanweisungen und Herstellerhinweise beachten und den Zugang für Unbefugte verhindern.

Die Hinweise zur Behandlung von Krankheiten dürfen auf keinen Fall als Aufforderung zur Behandlung durch den Laien aufgefaßt werden. In erster Linie ist immer der Tierarzt zuständig.

Jeder Leser, der sich mit den genannten Lebewesen beschäftigen will, muß dabei unbedingt das Artenschutzgesetz beachten. Laut Bundesnaturschutzgesetz in der Fassung vom 10. Dez. 1986 dürfen „besonders geschützte Arten" weder in Besitz genommen oder erworben noch vermarktet noch sonstwie in Verkehr gebracht werden. Verbindliche Auskunft darüber, welche Arten besonders geschützt sind, erteilt die lokale Untere Naturschutzbehörde oder die entsprechende Landesbehörde. Ausnahmegenehmigungen zum Zwecke der Forschung und Lehre sind möglich, müssen aber beantragt werden. Für importierte Tiere muß der Händler bestimmte Aus- und Einfuhrbescheinigungen vorlegen. Auch für Tiere aus Nachzuchten müssen entsprechende Bescheinigungen vorgelegt werden.

Fotos: Verfasser, außer Foto S. 49, das Ernst Sosna freundlicherweise zur Verfügung stellte.

© Landbuch-Verlag GmbH, Hannover, 1993
Alle deutschen Rechte vorbehalten, Reproduktionen, Speicherung in Datenverarbeitungsanlagen, Wiedergabe auf elektronischen, fotomechanischen oder ähnlichen Wegen, Funk und Vortrag – auch auszugsweise – nur mit Genehmigung des Verlages.

Lektorat: Dr. Helge Mücke, Hannover
Farblithos: ReproDukt GmbH, Langenhagen
Satz, Druck und buchbinderische Verarbeitung:
Landbuch-Verlag GmbH, Hannover

ISBN 3 7842 0495 3

Inhalt

Neue Freude am Aquarium:

Ausgefallene Pfleglinge machen mehr aus unserem Hobby

Seit vielen Jahren bin ich Aquarianer, und im Laufe der Zeit habe ich zahllose Aquarien zu Gesicht bekommen. Sicher, es waren eine Menge wunderschöner Becken darunter, mit viel Liebe und Aufwand eingerichtet und mit entsprechendem Sachverstand besetzt und gepflegt.

Oft genug war ich aber auch enttäuscht. Nach anfänglicher Begeisterung für das neue Hobby rutscht der Stellenwert des Aquariums nicht selten auf den eines Möbelstückes ab, wobei ich gar nicht in Abrede stellen will, daß es ein besonderes Möbel bleibt und daß der Besitzer über das notwenige Grundwissen verfügt, um sich größere Pannen zu ersparen. Natürlich werden auch die nötigen pflegerischen Arbeiten erledigt, kümmert man sich um sein Aquarium. Doch damit hat es sich. Mit der Zeit wird vieles zur Routine, und solange man mit dem optischen Gesamteindruck zufrieden sein kann, wird nichts verändert. Ja, man pflegt jahrein, jahraus dieselben Fische, die meist den wenigen ›gängigen‹ Arten angehören und in fast jedem Gesellschaftsaquarium schwimmen. Für die Fische selbst interessiert man sich aber kaum noch.

Ich glaube nicht, daß ein Aquarium unter diesen Umständen viel Spaß macht und denke, daß man kein richtiger Aquarianer ist, wenn man sich in erster Linie für die optische Seite seines Aquariums interessiert und weniger für das, was in ihm passiert. Ein begeisterter Aquarianer dagegen wird sich von seinen Pfleglingen faszinieren lassen und ab und zu den Wunsch verspüren, es mit anderen, bewußt ausgewählten Tieren zu versuchen, um auf diese Weise seinen aquaristischen Horizont zu erweitern.

Damit die Freude am Aquarium und an der Aquaristik erhalten bleibt, erlaube ich mir die folgenden Ratschläge: Erstens sollte man den Besatz seines Aquariums häufiger – sagen wir in Abständen von etwa zwei Jahren – konsequent ändern. Womöglich kann man seine Fische, die ja keine ›Wegwerf-Ware‹ sind, an einen befreundeten Aquarianer weitergeben.

Wenn man nicht gerade ein übertriebenes Entgelt erwartet, nimmt sie einem auch fast jeder Zoofachhändler gerne ab, zumal wenn man gleichzeitig neue Fische kauft. Die Auswahl war nie so groß wie heute. Gut sortierte Fachgeschäfte bieten uns eine Bandbreite, die wir unverständlicherweise viel zu halbherzig nutzen. – Zweitens sollte man den neuen Besatz planen, wobei neben dem persönlichen Geschmack auch die Frage eine Rolle spielen muß, welchen Tieren man geeignete Bedingungen bieten kann. Man muß also wissen, welche Ansprüche sie in Hinsicht auf Unterbringung, Wasserwerte und Ernährung stellen, was allerdings zwangsläufig voraussetzt, daß man sich mit Hilfe der Fachliteratur informiert. – Drittens sollte man nicht das eine Sammelsurium durch ein anderes ersetzen, sondern sich auf bestimmte Arten beschränken, die sich dann entsprechend optimal entfalten und ausleben können. Dies kann aber durchaus bedeuten, daß man den ›Schwerpunktbesatz‹ durch sogenannte ›Beifische‹ (etwa interessante Welse) ergänzt.

Unter solchen Voraussetzungen wird man sich selbst auch Aufgaben stellen. Sie könnten etwa darin bestehen, eine Art zur Nachzucht zu bringen, ihr Verhalten zu studieren und eigene Beobachtungen mit den in der Literatur vorgefundenen Angaben zu vergleichen. Verhalten sich die eigenen Pfleglinge gemäß der Norm oder anders, muß man das, was man geschrieben vorfindet, womöglich gar berichtigen? – Und schließlich sind nicht alle Tiere, die wir heute bekommen können, aquaristisch bekannt. Mit anderen Worten: Man kann nicht auf entsprechende Informationen zurückgreifen und muß seine Erfahrungen selber machen – eine schwierige, aber auch reizvolle Herausforderung.

Wer unser Hobby mit solchen Augen sieht, wird immer auf der Suche nach ausgefallenen Aquarienpfleglingen sein. Da gibt es Arten, die nicht häufig angeboten werden oder solche, deren Erscheinungsbild so außergewöhnlich ist, daß es unser Interesse weckt. Dabei geht es gar nicht nur um den Reiz des Exklusiven: Ein viel wichtigerer Grund ist der, daß besondere Farben, eine ausgefallene Körperform, morphologische Besonderheiten oder eine außergewöhnliche Bewegungsweise immer das Ergebnis einer bestimmten Anpassung oder Spezialisierung sind, so daß man davon ausgehen kann, daß sich solche Arten als lohnenswerte Pfleglinge erweisen und daß ihre Beobachtung die Gelegenheit bietet, der Vielfalt der Wunder der Natur allmählich auf die Spur zu kommen.

Das Besondere ist nicht immer augenfällig. Ein scheinbar unattraktiver, auf den ersten Blick vielleicht gar langweiliger Fisch kann bei näherem Studium fesselndes Verhalten offenbaren. Selbst erfahrene Aquarianer können nicht immer abschätzen, ob eine ihnen unbekannte Art ein außergewöhnliches Fortpflanzungsverhalten praktiziert. Manche Arten leben sehr versteckt, vieles findet im Verborgenen statt. Manche sind heikel, die einen brauchen spezielles Futter, die anderen viel Platz.

Ich habe mich bemüht, für dieses Buch Arten mit nicht zu extremen Ansprüchen auszuwählen und solche, die man auch vergesellschaften kann. Außerdem sollte ihre Pflege optisch etwas hergeben. Gleichzeitig habe ich versucht, Arten zu berücksichtigen, die erst in letzter Zeit zu uns gelangt und noch wenig bekannt sind. Und noch etwas soll deutlich werden, gleich die ersten Kapitel werden es zeigen: Ausgefallene Aquarienpfleglinge müssen nicht unbedingt Fische sein...

Streichholzbeine, Scherenfinger:

Von „putzigen“ Süßwassergarnelen und flinken Krabben

Mein Interesse an Süßwassergarnelen geht auf eine Tropenreise vor mehr als sieben Jahren zurück: Ich fischte mit einem Freund in Guatemala in einem Pazifik-Zufluß, dem Rio Maria Linda, ohne gerade vom Glück verfolgt zu sein. Jedenfalls blieben die erhofften Cichliden aus. Stattdessen fingen wir ein paar Süßwassergarnelen der großen Gattung *Macrobrachium* (aus der Familie der Palaemoniden), die mir bei näherer Betrachtung so gut gefielen, daß ich ein paar davon mitbrachte. In ihrer Heimat gelten sie als Leckerbissen und werden von den Einheimischen mit dem Wurfnetz erbeutet, um anschließend als ›Camarones‹ auf der Speisekarte zu landen.

Ein Weibchen der Süßwassergarnele *Macrobrachium* spec.

Die über die gesamten Tropen verbreiteten *Macrobrachium* sind Flußbewohner und kommen in solcher Artenvielfalt vor, daß sie kaum zu bestimmen sind. Neben kleinen Arten, zu denen beispielsweise die häufiger für die Aquaristik eingeführten, etwa fünf Zentimeter großen *M. lanchesteri* gehören, gibt es auch große, deren Körperlänge 20 oder gar 30 Zentimeter betragen kann. Es handelt sich um ausgesprochene Süßwasserbewohner, die durchaus nicht auf Brackwasser oder zumindest hartes Wasser angewiesen sind, sondern auch in mineralarmem, weichem Wasser (wie etwa im heimatlichen Lebensraum des Diskusbuntbarsches) vorkommen. In Mittelamerika traf ich die Garnelen bei mittelwertigem Wasser mit einer Karbonat- und Gesamthärte zwischen 6° und 18° an. Die Wassertemperatur schwankt je nach Herkunft und Jahreszeit zwischen 23 und 34 °C. Hinsichtlich der Wasserwerte stellen die anpassungsfähigen und robusten Tiere also keinerlei Ansprüche.

In einem neuen Aquarium – ein niedriges Becken zwischen 100 und 200 Litern Fassungsvermögen und möglichst großer Grundfläche reicht für die Pflege völlig aus – finden sich die Garnelen schnell zurecht. Schon bald haben sie sich einen Lieblingsplatz, meist einen höher gelegenen ›Freisitz‹ ausgesucht, den sie behende verlassen, wenn man ihnen Futter reicht. Nach meinen Erfahrungen schätzen sie vor allem tierische Kost (tiefgefrorene Mückenlarven, gehacktes Rinderherz, Fischfleisch o. ä.) und Futtertabletten, die sie geschickt packen und zwischen ihren kurzen, bürstenartigen ›Händen‹ drehen, um so die feinen Futterpartikel abzulösen.

Wie viele andere Wirbellose auch, die ich später noch kennenlernen sollte, riechen die *Macrobrachium* ihr Futter. Wie von einem unsichtbaren Magnet gezogen, kommen sie aufgeregt tastend herbei, greifen ihre Beute – die sie notfalls auch gegen Artgenossen oder Fische verteidigen – und schleppen sie an einen geschützten Platz. Nicht, daß sie besonders scheu wären. Man kann sie in aller Ruhe und jederzeit beobachten. Was sie fürchten, ist die Konkurrenz der anderen Aquarienbewohner, die übrigens nicht zu klein sein sollten. Wenn man die Größe der Garnelen bedenkt und weiß, daß ihr Gattungsname soviel wie ›Großarm‹ bedeutet und daß die langen Arme in kräftigen Scheren enden, kann man sich durchaus

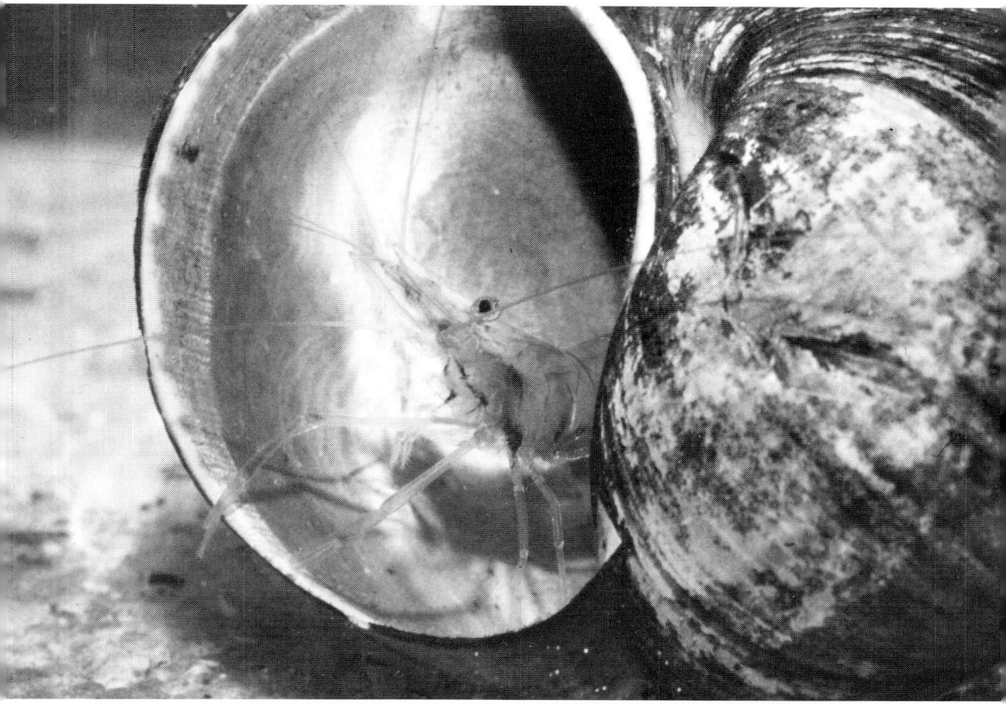

Die Garnelen ziehen sich gerne in ein Versteck zurück: Dieses Tier bewohnt ein Schneckenhaus.

vorstellen, daß sie nachts kleinere Fische überrumpeln, um sich an ihnen gütlich zu tun. Auch innerartliche Streitigkeiten kommen häufig vor und enden nicht selten mit dem Verlust eines Beines oder einer Schere, doch werden diese Gliedmaßen bei der nächsten Häutung problemlos (wenn auch zunächst etwas kleiner) ersetzt.

Es grenzt an ein Wunder, daß die Krustentiere ihre mit so feinen Verästelungen versehenen Panzer gewissermaßen ›in einem Stück‹ abzustreifen vermögen. Das Wunder ist nötig, damit sie wachsen können: Sie verlassen durch einen Schlitz das zu eng gewordene Außenskelett. Die Garnele aber lebt, hält sich jedoch versteckt, weil die neue Außenhaut erst aushärten muß, bevor sie einen halbwegs sicheren Schutz garantiert. Vorerst ist die Garnele nicht nur eine leichte Beute für Fische, sondern auch für ihre Artgenossen, die durchaus kannibalische Gelüste zeigen.

Da die Häutungen durch das Wachstum begründet sind, häuten sich junge Garnelen in geringeren Zeitabständen als ältere. Ein reichhaltiges Futterangebot und häufiger Wasserwechsel begünstigen die Häutungen, die sich dadurch ankündigen, daß die Tiere nicht mehr fressen und sich in ein Versteck zurückziehen. Die Einrichtung ihres Aquariums mit Steinaufbauten, Höhlen, Wurzeln und Pflanzen ist somit nicht nur aus optischen Gesichtspunkten angezeigt. Hinzu kommt, daß alle Garnelen kaum schwimmen, sich also fast nie im freien Wasser bewegen, sondern ein substratgebundenes Leben führen. Ihre Kletterkünste sind bewundernswert – und wo die Beine nicht mehr greifen, bewegen sie sich mit Hilfe der Schwimmfüße (Pleopoden) vorwärts. So gehen sie selbst an den glatten Glaswänden des Aquariums hoch, weshalb man ihr Zuhause sorgfältig abdecken sollte.

Bei Gefahr halten sie inne und heben drohend ihre Scheren. Müssen sie fliehen, schnellen sie unvermittelt nach rückwärts davon, um sich mit blitzschnellen Zickzacksprüngen in Sicherheit zu bringen.

Ein ganz wichtiger Punkt ist die Tatsache, daß man bestimmte *Macrobrachium*-Arten züchten kann. Die größeren Männchen erkennt man an ihren überdimensionalen Armen und Scheren. Nach der Paarung tragen die kurzarmigen Weibchen am Hinterleib, zwischen ihren Schwimmfüßen, alsbald graugrüne Eipakete mit sich herum. Isoliert man sie, setzen sie nach ungefähr zehn Tagen, die die Eientwicklung dauert, zahllose Larven frei, die mit dem Kopf nach unten im Wasser treiben und sich hüpfend fortbewegen. Die Larven vieler Arten kann man mit frisch geschlüpften *Artemia*-Nauplien anfüttern. Ist das Futter zu groß, muß man mit noch kleinerem Futter (Pantoffeltierchen, Rädertierchen, Essigälchen. Liquifry oder staubfeinem Trockenfutter) experimentieren. Nach etwa 14 Tagen macht ihre weißliche Färbung der typischen Transparenz Platz, und allmählich nehmen die Kleinen die Form und die substratgebundene Lebensweise ihrer Eltern an.

Meine Großarmgarnelen haben mir immer viel Spaß gemacht. Wenn sie auch nicht bunt gefärbt sind wie die Seewassergarnelen der Korallenriffe, ist ihr Panzer doch mit hübsch braunen Linien verziert, die zum Bauch hin mit gelben Linien abgesetzt sind. Ihre eigentliche Wirkung macht aber ihre Form aus, so vor allem das bizarre Gesicht mit dem langen Stirnfortsatz, den man auch Rostrum nennt, die weit hervorstehenden, auf einem ›Stiel‹ stehenden Knopfaugen, die langen Antennen und die feingliedrigen Streichholzbeine, deren Gelenke rot gefärbt sind.

Es ist ein wundersames Schauspiel, wenn man den scheinbar regungslos dasitzenden Tieren zuschaut, die in Wirklichkeit fast immer damit beschäftigt sind, sich mit ihren kaum sichtbaren Gliedmaßen zu putzen. Diese Toilette kann die lustigsten Formen annehmen: Besonders amüsant sieht es aus, wenn ein kurzes Bein wie eine Hand über ein Auge streicht, während das Tier den Hinterkörper nach vorn krümmt, um sich gleichzeitig mit einem anderen Bein am Hinterteil zu kratzen...

Eine weitere empfehlenswerte Garnele, die aus Asien stammt, wird in letzter Zeit recht häufig und zu erschwinglichen Preisen als ›Steingarnele‹ angeboten. Es handelt sich um *Atya moluccensis* aus der Gattungsgruppe der *Eucyphidea,* die zu den ungefähr 160 Atyiden-Arten gehört, deren Familie aus etwa 15 Gattungen besteht und in der ausschließlich Süßwassergarnelen der Alten und Neuen Welt zusammengefaßt sind. *A. moluccensis* selbst soll auch als *A. gustavi, A. armata, A. dentirostris* beschrieben und verschiedentlich mit *A. spinipes* verwechselt worden sein und nicht nur auf den Molukken, sondern auf vielen südostasiatischen Inseln und auch auf dem Festland vorkommen. Noch ist nicht klar, ob anders gefärbte, aber anatomisch identische Tiere nur eine Farbvariante oder eine Lokalform sind oder gar als eigenständige Art angesehen werden müssen.

Es fällt schwer, die *Atya* zu beschreiben. Auffällig ist aber die recht plumpe Form und die schwerfällige Bewegungsweise. Elegante Tiere sind es also nicht. Man hat vielmehr den Eindruck, als hindere sie der hohe, wuchtige Panzer, der den Bewegungen der Beine manchmal nur ruckartig folgt. Wenn die Garnelen plump wirken, dann liegt es aber auch daran, daß ihr Stirnfortsatz oder „Rostrum" viel kürzer ist als bei den schlanken *Macrobrachium,* und daß Kopf und Körper gewissermaßen übergangslos miteinander verschmolzen sind. Auch die kleinen Augen, die sich nah am Kopf befinden und nicht wie bei den *Macrobrachium* auf langen Stielen sitzen, erwekken den Anschein, als stecke nur wenig Leben in den Tieren.

Diesen Eindruck verstärken auch die kurzen Beine – und schließlich sind die drei Beinpaare auch noch weit vorn angeordnet, so daß es oft aussieht, als werde der Hinterkörper hinterhergeschleift. Dennoch klettern die Garnelen sehr geschickt, zumindest unter Wasser: Verschiedentlich findet man sie, nur an ein paar Algen Halt suchend, an den senkrechten Flächen der Seitenscheiben, oder sie hängen ›in Rükkenlage‹ an einem Schwimmpflanzenblatt, ohne daß man genau sagen kann, wie sie dort hingekommen sind. Auch wenn sie nicht ganz so behende sind wie die *Macrobrachium,* darf man ihre Kletterkünste also nicht unterschätzen und muß damit rechnen, daß sie aus einem schlecht abgedeckten Aquarium entweichen.

Trotz ihrer Behäbigkeit sind die Garnelen reizvolle Pfleglinge: Zum Beispiel erwecken die zu seltsamen Borstenhänden entwickelten Scherenfinger sofort unser Interesse. Sowohl am vorderen wie auch hinteren ›Finger‹ jeder Schere befinden sich nämlich feine Borsten, die eine Art halbkreisförmigen Fächer bilden, so daß sich in Verbindung mit den Borsten des anderen Scherenfingers ein kreisförmiger Fangapparat ergibt, der weit geöffnet, aber auch zusammengefaltet werden kann. Im Aquarium kann man beobachten, daß die Garnele die Borstenhände zum Futterfang spreizt oder damit Futter greift, um sie gleich darauf geschlossen zum Mund zu führen.

Man kann annehmen, daß die *Atya* aus strömendem, zumindest aber bewegtem Wasser kommen, wo sie in der Regel wohl gar nicht nach Futter ›suchen‹, sondern lediglich den Kopf in den Nacken werfen und ihre Fächerhände wie Parabolantennen vor und über sich strecken, um auf diese Weise feine und feinste Planktonteilchen aufzufangen. Im Aquarium kann man dieses Verhalten natürlich nur dann beobachten,

Die Männchen von *Atya moluccensis* erkennt man an ihren verdickten Schreitbeinen.

wenn der Filterrücklauf eine entsprechend starke Strömung erzeugt. Ansonsten suchen sie auch den Bodengrund nach Futter ab, wobei sie die Fächerhände über etwas Freßbares stülpen und zugreifen. Große Futterbrocken werden nicht genommen, so daß man besser *Artemia*-Nauplien, Teichfutter und feines Flockenfutter anbietet. Mit großem Eifer machen sie sich auch über Futtertabletten her, die ja beim Aufweichen in feine Partikel zerfallen.

Atya moluccensis ist nicht gerade ein Winzling unter den Garnelen und macht schon allein wegen seiner Größe etwas her: Erwachsene Tiere können um die 10 Zentimeter messen! Dabei ist der Wachstumsprozeß wie bei anderen Krustentieren an gelegentliche Häutungen gekoppelt, die sich ähnlich

und mit denselben Risiken vollziehen, wie ich es bei den *Macrobrachium* geschildert habe.
Wenn die Garnelen heranwachsen, werden die Geschlechtsunterschiede immer deutlicher: Zwar haben diese Tiere keine wehrhaften Scheren, an deren Verdickung man bei vielen Krustentieren die Männchen erkennt, doch wird bei den *Atya*-Männchen das erste Schreitbeinpaar deutlich kräftiger. Damit wirken sie dann zwar noch unbeholfener, aber auch eindrucksvoller als die Weibchen, bei denen alle drei Schreitbeinpaare gleichermaßen entwickelt sind. Übrigens werden die Unterschiede erst bei einer Größe von fünf bis sechs Zentimetern deutlich, wenn die Tiere die Geschlechtsreife erreichen. Bald werden die Weibchen zum ersten mal Eier tragen: Man erkennt sie als dunkle Masse am Hinterleib. Ich bezweifele aber, daß man *Atya moluccensis* überhaupt in Gefangenschaft nachzüchten kann, denn obwohl ich verschiedentlich Weibchen separat setzte und die Eier nach etwa drei Wochen verschwanden, fand ich keine Larven oder Jungtiere.
Atya moluccensis gefällt auch wegen ihrer Färbung oder – wie ich es vielleicht besser formulieren sollte – wegen ihres Farbwechsels. Jungtiere zeigen immer ein helles Rückenband, das vom Rostrum bis zum schön gefächerten Schwanz verläuft. Entgegen anderen Berichten verliert sich dieses Band auch bei älteren Exemplaren nicht, kann aber zumindest vorübergehend weniger kontrastreich abgesetzt sein. Hinzu kommt, daß die Tiere scheinbar willkürlich, vielleicht aber auch stimmungsbedingt oder in Anpassung an die Helligkeitswerte der Umgebung ihre Grundfärbung in Minutenschnelle ändern können. Zeitweise erscheinen sie gelblich-braun marmoriert, häufiger kräftig dunkelbraun und manchmal sogar braunrot bis rot. Vielleicht gelingt es einem aufmerksam beobachtenden Aquarianer mit gewissenhafter ›Buchführung‹, eine Art Ordnung in diesem Chamäleon-Verhalten auszumachen...
Molukken-Garnelen sind robust, unempfindlich und anpassungsfähig. Fast in jedem Wasser fühlen sie sich wohl. Bei einem Bekannten zeigten sie in hartem Wasser (um 16 °dGH) kein Unbehagen, ich selbst hielt sie bei pH 7, 6 °KH, 8 °dGH. Für ein paar Tiere genügt schon ein kleines Becken, das man nicht zu dicht bepflanzt und mit Steinen und Wurzeln versteckreich einrichtet. Besondere Ansprüche stellen sie nicht.

Atya moluccensis wechselt häufig Farbintensität und -muster: hier ein Eier tragendes Weibchen mit hellem Rückenstreifen.

Eine weitere Süßwassergarnele asiatischer Herkunft ist als ausgesprochene Zwerggarnele besonders interessant: *Caridina serrata* ist eine von 120 Arten ihrer Gattung, wird nur drei bis vier Zentimeter groß und ist hübsch gezeichnet. Die Art wird aus Hongkong eingeführt, von wo auch andere Süßwassergarnelen bekannt sind.

Wie *Caridina lanceifrons, Neocaridina serrata* und *Macrobrachium hainanense* stammt auch *C. serrata* aus Fließwasser. Ihre Heimat sind die Oberläufe des Lam Tsuen in den sogenannten „New Territories“. Brackwasser wird gemieden. Tatsächlich sollte das Wasser eher weich und leicht sauer sein (pH 6,8).

Die *Caridina* sind völlig harmlose Garnelen, die schon deshalb keinen Schaden anrichten können, weil ihre Scheren viel zu winzig sind. Statt dessen müssen wir sie vor den Angriffen größerer Fische schützen, die sie womöglich als Futter ansehen. Wenn man sie also vergesellschaften will, kann man sie nur zu kleinen und friedlichen Fischen setzen. Am besten pflegt man sie aber wohl unter sich – ein kleines Aquarium von 10 Litern Fassungsvermögen genügt dazu vollauf. Wenn man für viele feinfiedrige Pflanzen und kräftigen Algenwuchs sorgt, das Becken also möglichst hell plaziert, geht fast alles wie von selbst. Peinliche Sauberkeit ist nicht angeraten. Die Tiere ernähren sich nämlich von Algen (sogar von Bart- und Pinselalgen), pflanzlichen und tierischen Abfällen (man sollte gelegentlich etwas fein zerriebenes Flockenfutter oder Futtertabletten anbieten) und fühlen sich erst richtig wohl, wenn sich eine Mulmschicht gebildet hat, weshalb man auf einen Filter durchaus verzichten kann. Und noch etwas ist wichtig: In Freiheit leben die geselligen *Caridina* in Populationen von großer Dichte, weshalb man auch im Aquarium eine größere Anzahl Tiere gemeinsam halten sollte.
Wenn die Tiere sich wohl fühlen, was übrigens nicht nur bei hohen Temperaturen (bis 28 °C), sondern auch bei kühlerem Wasser (18 bis 21 °C) der Fall ist, werden sie sich ohnehin problemlos vermehren. Die Männchen erkennt man in diesem Fall an ihren verlängerten Schwimmfüßen, während man am Hinterleib der Weibchen die Eier durchscheinen sieht. Es sind sieben bis 25 an der Zahl, die sich während einer Zeitspanne von 28 bis 33 Tagen entwickeln. Schließlich schlüpfen keine Larven, sondern weit entwickelte Junggarnelen, die bereits alle Larvenstadien im Ei durchgemacht haben und deren Aufzucht schon deshalb keine Schwierigkeiten macht, weil sie in einem ›alt‹ eingerichteten Aquarium mit dichten Algenrasen nicht speziell gefüttert werden müssen. Hinzu kommt, daß die Alttiere den Jungen nicht nachstellen.

Zum Schluß soll noch von einer hübschen „Roten Mangrovekrabbe“ die Rede sein, bei der es sich wohl um *Sesarma bidens* handelt und die in besonderem Maße als ausgefallener Aquarienpflegling angesprochen werden kann. Es handelt sich um eine kleine, bräunliche Krabbe mit an den Innenseiten blau schimmernden Beinen und leuchtend roten Scheren,

Die Weibchen der Mangrovekrabben erinnern an überdimensionale Spinnen . . .

die in der aquaristischen Literatur schon mehrfach und unter verschiedenen Namen vorgestellt worden ist.

Kein Zweifel dürfte darüber bestehen, daß die Art zu den Grapsiden oder „Springkrabben" und in die Gattung *Sesarma* gehört. Damit ist schon die erste Besonderheit klar: Diese Krabben sind keine *„Potamon* spec." und damit im Grunde keine „Süßwasserkrabben", als die sie verschiedentlich bezeichnet wurden. Auch stammen sie nicht aus Afrika, wie man ursprünglich dachte, so daß es keinen Sinn macht, von der „Roten Malawikrabbe" zu sprechen. Es stimmt zwar, daß die etwa 140 (!) *Sesarma*-Arten die gesamten Tropen und Subtropen erobert haben, wo sie die Gezeitenzonen der Meere, das Brackwasser der Flußmündungen und Mangrovensümpfe bewohnen, doch die „Rote Mangrovekrabbe" ist eine südostasiatische Art, die relativ regelmäßig und in Mengen importiert wird. Als wissenschaftliche Artnamen – es kommen etwa 25 Arten in Frage, die sich sehr ähneln – waren zumindest *S. chiromantes* und *S. siamensis* im Gespräch, während LEIENDECKER (1981), dem ich hier folgen will, von *Sesarma bidens* spricht. Als natürliches Verbreitungsgebiet nennt er Japan, Hongkong, die Philippinen, Celebes, die Nicobaren, Andamanen und auch Ceylon.

Ich habe schon erwähnt, daß die *Sesarma* eigentlich keine Süßwasserbewohner sind. In Freiheit wandern sie aber in reines Süßwasser ein, und so nehmen erwachsene Krabben bei der Pflege im Süßwasser-Aquarium keinen Schaden. Wer ein übriges tun will, kann ihrem Lebenselexier durchaus etwas Salz zusetzen. Zur Vergesellschaftung bieten sich dann (asiatische) Fischarten an, die ebenfalls hartes oder leicht brackiges Wasser mögen. Wegen der geringen Größe der Krabben, deren Panzer kaum mehr als vier Zentimeter mißt, sind da vor allem kleinere Grundeln zu nennen. (Von empfehlenswerten Grundelarten wird später noch die Rede sein.)

Beachtet man ein paar grundsätzliche Dinge, bereitet die Unterbringung der Krabben keinerlei Schwierigkeiten. Schon ein kleineres Aquarium von vielleicht 60 Zentimetern Kantenlänge reicht aus, um vier bis sechs Tieren ein neues Zuhause zu geben. Wichtig ist dabei – und damit spreche ich eine weitere Besonderheit an –, daß das Aquarium der amphibisch lebenden Tiere nur zur Hälfte befüllt wird und daß Wurzeln und Steine so eingebracht werden, daß nicht nur zahlreiche Verstecke entstehen, sondern daß sie auch aus dem Wasser herausklettern können und im Luftteil großflächige Sitzplätze vorfinden. Gleichzeitig ist darauf zu achten, daß die Luft nicht zu kalt ist, weshalb man das Aquarium auf 25 bis 27 °C beheizt und gut abdeckt. Bei gleichzeitiger Beleuchtung des Aqua-Terrariums werden sich eine Lufttemperatur von 28 bis 30 °C und eine hohe Luftfeuchtigkeit ergeben. Natürlich wird durch die Abdeckung auch verhindert, daß die Krabbeltiere entwischen und irgendwo vertrocknen. Ganz ohne Wasser kommen sie nämlich nicht aus! – Den Wasserteil kann man durchaus bepflanzen, muß aber in Kauf nehmen, daß zarte Triebe angeknabbert werden. Womöglich wählt man gar Gewächse, die sowohl submers (untergetaucht) als auch emers (über der Wasserlinie) wachsen.

Wer seine Krabben bei der Nahrungsaufnahme beobachtet, wird schnell feststellen, daß er sich um ihr Futter keine Sorgen

△ *Caridina serrata* wird höchstens vier Zentimeter groß!

Dieses Männchen der Mangrovekrabbe macht sich mit seinen riesigen Scheren an einem Stück Holz zu schaffen. ▽

machen muß: Geschickt fassen sie mit ihren Scheren gefrostete Mückenlarven oder gar hauchdünne Grindalwürmchen, zupfen an Tubifex, geschabtem Rinderherz oder Fischfleisch herum, greifen aber auch nach jeder Art Trockenfutter. Gelegentlich zwicken sie auch schon mal ein Pflanzenblatt ab und machen sich sogar an faserige Moorkienhölzer heran. Liegt das Futter so, daß irgendwelche Hindernisse beiseite geräumt werden müssen, bedienen sie sich ihrer kräftigen Scheren und zeigen, welche Kraft in ihnen steckt. Ansonsten verbringen sie den Großteil des Tages an ihrem Lieblingsplatz, der sich in der Regel im Trockenen, nahe der wärmenden Beleuchtung befindet. Dort setzen sie zumeist auch ihren Kot ab.

Die Geschlechter sind leicht zu unterscheiden. Während die Männchen eindrucksvolle, erschreckend große Scheren entwickeln, haben die Weibchen lediglich schmale Greifzangen vorzuweisen. So wirken sie mit ihren vier Beinpaaren geradezu spinnenähnlich, ein Vergleich, der auch ihre Bewegungsmöglichkeiten betrifft. Ob nach links oder nach rechts, vorwärts oder rückwärts, Krabben laufen in jede Richtung gleichermaßen behende! Häufig sitzen sie aber irgendwo regungslos mit eingeschlagenen Scheren, und nur an den beweglichen, vorstehenden Augen läßt sich ablesen, daß sie ihre Umgebung aufmerksam beobachten. Kommt ein Beutetier oder ein Eindringling vorbei, stürzen alle vier Beinpaare sprunghaft los, und die Scheren schnellen nach vorn. Etwas nach oben gereckt, werden sie drohend gespreizt, womit die meisten Auseinandersetzungen erledigt sind. Ab und zu kommt es aber auch zu ernsthafteren Kämpfen, die auch schon einmal ein Bein oder eine Schere kosten. Diese werden aber, der Leser ahnt es mittlerweile schon, bei der nächsten Häutung ersetzt, wobei in der ersten Zeit danach – während der neue Panzer sich härtet – von den eigenen Artgenossen die größte Lebensgefahr droht (zumindest im Aquarium).

Leider ist es kaum möglich, die hübschen *Sesarma* zu züchten. Da sie keine ›echten‹ Süßwasserkrabben sind, müssen sie zur Laichzeit Brack- oder Seewasser aufsuchen. Die am Hinterleib (Abdomen) des Weibchens befestigten etwa 3000 Eier werden bis zum Schlupf der Larven herumgetragen und von den Weibchen naß gehalten, bis die sogenannten *Zoëa*-Larven nach sechs bis acht Wochen ins freie Wasser (am günstigsten ist Seewasser mit einer Dichte um 1,016) entlassen werden. Ihre Aufzucht ist nahezu unmöglich, obwohl man mittlerweile weiß, daß sie sich räuberisch ernähren, also beispielsweise *Artemia*-Nauplien fressen. Aufgrund ihrer Winzigkeit, der Wasserverschmutzung und der Empfindlichkeit der Larven in bezug auf Dichteschwankungen ist es meines Wissens bisher nicht gelungen, die Larven länger als zwei bis drei Wochen am Leben zu erhalten. Insofern kann ich die Pflege dieser Krabben nicht vorbehaltlos empfehlen. Andererseits haben engagierte Aquarianer schon viele knifflige Probleme gelöst.

Für den Kochtopf oder fürs Aquarium?

Fluß- und Teichkrebse

Neben den vorgestellten Garnelen sind seit einigen Jahren auch farbenprächtige und eindrucksvoll große Krebse verfügbar, von denen *Procambarus clarkii* am häufigsten angeboten wird. Der „Nordamerikanische Teichkrebs" oder „Louisiana-Sumpfkrebs" stammt ursprünglich aus Louisiana in den USA und wird seit Jahren in Asien (Hongkong, Thailand, Singapur) gezüchtet, um mit seinem schmackhaften Fleisch die Speisekarten von Feinschmecker-Restaurants zu bereichern. Da er um die 20 Zentimeter lang wird, lohnt seine Zucht durchaus: Mittlerweile kommt er deshalb auch immer öfter aus Holland zu uns. Wegen ihrer leuchtend roten, „warzigen" Panzer (mit manchmal bläulichem Rücken) und wegen ihrer eindrucksvollen Scheren sind diese Tiere eine echte Augenweide und deshalb auch für uns Aquarianer interessant. Aufgrund ihrer Größe kann man sie aber nur in geräumigen Aquarien pflegen.

Für ein Pärchen sollte man ein Aquarium von mindestens 80 Zentimetern Kantenlänge und möglichst großer Grundfläche herrichten. Der Wasserstand muß dagegen nicht hoch sein. Was die Dekoration angeht, muß man zumindest auf zartere Pflanzen verzichten, denn auch ausreichend gefütterte *Procambarus* vergreifen sich gern an frischen Trieben. Außerdem knabbern sie an abgestorbenen Blättern. Andere Aquarianer, die diese Krebse gepflegt haben, haben ihre *Procambarus* (vor allem Jungtiere) sogar regelrecht mit Salat und Wasserpflanzen gefüttert!

Daß man mit Hilfe von Wurzeln und Steinen möglichst viele und nicht zu enge Unterschlupfmöglichkeiten gestaltet, ist eine wichtige Voraussetzung für das Wohlbefinden der Krebse, die sich in Freiheit tagsüber versteckt halten und es sicher nicht schätzen, wenn sie der grellen Aquarienbeleuchtung und den neugierigen Augen der Betrachter schutzlos ausgesetzt sind. Am besten baut man die Aquarienrückwand terrassenförmig mit horizontal geschichteten Steinen soweit zu, daß die lockere Schichtung stellenweise bis zur Wasseroberfläche reicht. Die Krebse klettern nämlich gern zur Wasserlinie und recken sich soweit aus dem Wasser, daß nur die Kiemen untergetaucht bleiben.

Trotz ihrer zurückgezogenen Lebensweise bekommt man seine *Procambarus* häufig genug zu Gesicht. Haben sie sich erst einmal eingewöhnt, legen sie ihre anfängliche Scheu fast gänzlich ab und lassen sich immer häufiger vor ihren Wohnhöhlen blicken. Schon bald kennt man auch ihre Vorliebe für bestimmte Plätze, so daß man im Grunde immer weiß, wo man sie suchen muß. Und mit einem Leckerbissen kann man eingewöhnte Exemplare jederzeit aus ihrem Versteck locken...

Der zur Verfügung stehende Platz begrenzt die Anzahl der Tiere, die man gemeinsam pflegen kann. Fehlen hinreichend große Territorien mit geeigneten Höhlen, kommt es zwangsläufig zu innerartlichen Streitereien und sogar heftigen Kämpfen, wobei gelegentlich einzelne Scheren oder Beine auf der Strecke bleiben. Selbst größere Verletzungen bedeuten aber auch bei ihnen nicht das Ende: Schon die nächste Häutung heilt die schlimmsten Wunden.

Rechte Seite:
Oben: Der „Nordamerikanische Teichkrebs" *Procambarus* ist nicht nur im Kochtopf gut aufgehoben.

Unten: Dieses Männchen des „Nordamerikanischen Teichkrebses" *Procambarus* reckt drohend seine Scheren empor.

Die *Procambarus* sind kräftige, wehrhafte Tiere, die gerne Fleisch fressen, so daß man sie nicht mit zu kleinen Fischen vergesellschaften kann. Was die nachtaktiven Jäger nämlich erst einmal in ihren kräftigen Scheren halten, lassen sie so schnell nicht mehr los. Auch sie riechen ihr Futter, das sie dann tastend aufspüren: Am besten reicht man mindestens einmal im Verlauf des Tages und abends, vor dem Ausschalten der Beleuchtung, Futtertabletten, gehacktes Rinderherz oder anderes Frostfutter, über das sie sich neben pflanzlicher Kost heißhungrig hermachen.

Wegen ihres nicht unbedeutenden Stoffwechsels braucht man eine leistungsfähige Pumpe und einen großvolumigen Filter, wenn man für die Teichkrebse ›klare Verhältnisse‹ schaffen und sich an ihrem Aquarium erfreuen will. Steht das Becken in einem Raum, der im Winter beheizt wird, kann man auf eine Aquarienheizung verzichten: *Procambarus clarkii* verträgt nämlich vorübergehend kaltes (15 °C), aber auch recht warmes Wasser (28 °C) und sollte im Sommer bei 23 bis 24 °C, im Winter ein paar Grad kühler gehalten werden. In ihrem Fall darf das Wasser nicht zu weich sein, am besten setzt man etwas Salz zu.

Die farbenprächtigen *Procambarus* sind nicht zuletzt auch deshalb lohnenswerte Pfleglinge, weil man sie im Zimmeraquarium züchten kann. Die Geschlechter unterscheidet man anhand des ersten Gliedmaßenpaares am Schwanzstiel: Beim Männchen sind sie zu zwei kräftigen „Stäbchen" ausgebildet, die bis zum Ansatz der hintersten Schreitbeine reichen, während es bei den Weibchen lediglich kleine, zurückgebildete Füßchen sind.

Eine erfolgreiche Paarung setzt anscheinend voraus, daß sich das Weibchen nicht wehrt und seine Bereitschaft dadurch anzeigt, daß es alle Gliedmaßen eng an den Körper legt. Das Männchen faßt es dann bei den Scheren und legt es für den Befruchtungsvorgang, der über eine Stunde dauert, auf den Rücken.

Eine länger anhaltende Paarbindung konnte bislang nicht beobachtet werden. Jeder geht seiner Wege, und etwa drei Wochen später erscheinen etwa 100 bis 300 Eier am Hinterleib des Weibchens, die sich im Laufe von ungefähr 18 Tagen zu Miniatur-Krebsen entwickeln, die dann selbständig nach

Nahrung suchen. Während der nächsten zwei Wochen bleiben sie aber immer in der Nähe der Mutter, an die sie sich bei vermeintlicher Gefahr auch anklammern und die sie vorerst auch nicht behelligt. Die Kleinen füttert man am besten mit Trockenfutter und Tablettenfutter, doch nehmen sie schon bald auch Fleisch und Tiefkühlkost. Anfangs häuten sie sich fast täglich, was für ein enormes Wachstum spricht – immerhin können sie nach Ablauf eines Jahres ausgewachsen sein. Leider führen die häufigen Häutungen und die Freßgier der Kleinen dazu, daß sich die kräftigeren Jungkrebse bei nicht ausreichender Fütterung an ihren schwächeren Geschwistern vergreifen, sie zum Teil verstümmeln oder gar fressen.

Farbenprächtig, an die zwanzig Zentimeter groß und wegen seiner mächtigen Scheren nicht minder eindrucksvoll als die soeben besprochene Art ist der australische Flußkrebs *Cherax destructor* (der Artname bedeutet soviel wie „Zerstörer"). Der in seiner Heimat geschützte, „Jabby" genannte Krebs darf auf Farmen für den Feinkosthandel gezüchtet und exportiert werden. Gelangen solche Tiere in den Aquarienhandel, hat der Käufer meist wenig Freude. Die vom langen Transport geschädigten Tiere sind oft mehr als ramponiert und gehen meist bald ein. Inzwischen gibt es aber auch eine deutsche Zuchtstation, so daß die Chancen steigen, gesunde Tiere zu erhalten. Einmal eingewöhnte Exemplare sollen schließlich ähnlich robust sein wie *Procambarus clarkii.* Es empfiehlt sich, dem Aquarienwasser etwas Salz zuzusetzen. Pilzerkrankungen soll man mit der Verfütterung von getrocknetem Eichenlaub vorbeugen können (M. SCHLÜTER, 1989)!

Die leuchtend blau gefärbten Krebse, deren Scheren- und Beingelenke rot gefärbt sind, sind untereinander recht aggressiv, so daß man für die Pflege mehrerer Tiere ein recht geräumiges Aquarium mit zahlreichen, sicher gegründeten Verstecken herrichten muß. Bei etwaigen ›Umbauarbeiten‹, die von den Krebsen vorgenommen werden, dürfen sie nicht einstürzen. Das Graben ist ihre Leidenschaft: Sie sollen Krater bis zu drei Metern Tiefe anlegen!

Wenn die Art auch nicht besonders anspruchsvoll ist und beispielsweise auch in einem sauerstoffarmen Milieu überdauert, ist sie doch wärmebedürftig, so daß man sie bei 25 bis

28 °C pflegen sollte. Solche Temperaturen vorausgesetzt, sind die Krebse ausgesprochen schnellwüchsig und schon im vierten Monat geschlechtsreif.

Natürlich kann man sie auch nachzüchten. Die Befruchtung geht wie bei *P. clarkii* vor sich: Die Männchen werfen die Weibchen auf den Rücken und heften das Sperma als „Paket" zwischen deren Hinterbeine. Nach einigen Stunden stoßen die Weibchen 100 bis 300 dunkelgraue Eier aus, deren Durchmesser etwa zwei Millimeter beträgt. Später quellen die Eier auf und werden heller, so daß man die Entwicklung der Jungkrebse in den Eiern verfolgen kann. Ihre Entwicklungszeit dauert bei 25 °C ungefähr 21 Tage. Die geschlüpften Jungkrebse nehmen sofort und bereitwillig jedes Futter und wachsen innerhalb von neun Monaten auf acht bis neun Zentimeter Gesamtlänge heran. Es scheint eine Beziehung zwischen dem schnellen Wachstum und der Lebensdauer zu geben. Nach MANCINI (1989) beträgt sie bei frei lebenden Krebsen nur drei Jahre.

Ein nicht so farbenprächtiger, aber dennoch empfehlenswerter Pflegling ist der Amerikanische Flußkrebs oder Camberkrebs *Orconectes limosus,* der etwa 11 Zentimeter Körperlänge erreicht und bei uns im Freiland eingebürgert ist. *O. affinis* ist wahrscheinlich ein Synonym. Seit er im Jahre 1890 bei uns ausgesetzt wurde, hat er sich weit verbreitet. Man findet ihn im Einzug von Rhein und Main, aber auch in Niedersachsen, und er besiedelt nicht nur Flüsse, sondern auch Kanäle, Seen und Talsperren. Es handelt sich also um eine winterharte Art, die man auch im Gartenteich halten kann und die im Aquarium – zumindest vorübergehend – kühl gehalten werden sollte. Es macht aber nichts aus, wenn die Wassertemperatur eines unbeheizten Aquariums im Sommer auch einmal über 25 °C ansteigt. Ansonsten schätzen die Krebse hartes Wasser mit einem hohen pH-Wert (über 7,2), einen nicht zu feinkiesigen und steinigen Aquarienboden mit zahlreichen Versteckmöglichkeiten und sauberes, gut gefiltertes Wasser.

Leider kann man diese Flußkrebse nicht kaufen – sie werden nur ganz selten angeboten. Man muß sie also selber fangen, wozu man am besten ins Wasser steigt und Steine umdreht, die Unterschlupfmöglichkeiten bieten. Die Wahrscheinlich-

Er liebt es warm: der australische „Jabby“ *Cherax destructor.* Dieser Flußkrebs wird für den Feinkosthandel auf Farmen gezüchtet; lebende Tiere kommen wegen der langen Transportwege meist lädiert hier an (auch dieses Exemplar ist leider nicht im Bestzustand).

keit, den gesuchten Flußkrebs zu erwischen, ist relativ groß, weil die einheimischen (streng geschützten!) *Astacus*-Arten sehr selten geworden sind. *O. limosus* erkennt man außerdem leicht an einem ›warzigen‹ Rückenpanzer und rotbraunen Querflecken auf dem Hinterleib. Dies gilt trotz der Tatsache, daß sie sich dem Untergrund und der Umgebung farblich anzupassen vermögen und daß wohl auch die Art der jeweils vorhandenen Nahrung für die Färbung des Panzers eine nicht unerhebliche Rolle spielt.

Auch der Flußkrebs ist kein Kostverächter. Im Grunde gilt für ihn in dieser Hinsicht alles, was ich schon über den Teichkrebs geschrieben habe. G. OTT (1990) berichtet, daß die Tiere aber auch keinen Schaden nehmen, wenn sie über drei Wochen fasten müssen. Als besonderes Schauspiel empfiehlt er die Fütterung mit Regenwürmern, preist Fliegenmaden als Leckerbissen und macht darauf aufmerksam, daß den Krebsen in der Natur als Aasfresser eine wichtige Funktion zukommt. (Offensichtlich will er uns unsere Gaumengelüste verleiden.)

Auch der Flußkrebs häutet sich, und da auch die Magenhaut und spezielle Magenzähne abgestoßen werden, stellen die Tiere vorher das Fressen ein. Es kann übrigens an die 10 Tage dauern, bis der neue Panzer ausgehärtet ist. Pflegt man die Tiere nicht in hartem Wasser, soll man Kalk-Vitamintabletten für Haustiere oder *Sepia*-Schalen anbieten, damit sie ihren Kalkbedarf decken können.

Berichte über eine erfolgreiche Fortpflanzung im Aquarium liegen bisher nicht vor, doch sollte die Zucht durchaus möglich sein. In Freiheit erfolgt die Paarung nach OTT (1990) im Spätherbst, nach MANCINI (1989) im April (bis Anfang Mai). Die Männchen wechseln durch Häutung zwischen zwei Formen hin und her, einer sexuell aktiven (mit großen Scheren) und einer sexuell inaktiven. Fortpflanzungsfähige Männchen erkennt man unschwer an den großen Zangen. Sie umklammern die Weibchen eng und verankern sich sogar mit Fußhaken an ihren Partnerinnen.

Die befruchteten, etwa 100 bis 300 (oder 450?) Eier trägt das Weibchen zwischen den Hinterfüßen mit sich herum, bis die Krebslarven schlüpfen. Nach OTT (1990) dauert die Reifezeit der Eier vier bis fünf Monate, nach MANCINI (1989) fünf Wochen. Die Jungen werden noch eine ganze Zeit von der Mutter herumgetragen, machen eine Metamorphose (Umwandlung) zum Krebs durch und sind schließlich in der Lage, ihr Leben selbst zu meistern.

Gelegentlich werden weitere Krebse eingeführt, deren Pflege durchaus lohnt, auf die ich hier aber nur kurz eingehen kann. Da ist zum Beispiel der bis 15 Zentimeter lange „Kalifornische Flußkrebs“ oder „Signalkrebs“, der wissenschaftlich *Pacifastacus leniusculus* heißt und in den sechziger Jahren in Schweden, Großbritannien, Frankreich, Spanien, Finnland,

Dieser Pflegling verlangt kühleres Wasser: der in einigen unserer Flüsse „eingebürgerte" Amerikanische Flußkrebs *Orconectes limosus.*

Polen und Rußland ausgesetzt worden ist. Erwachsene Exemplare ernähren sich zu 90 Prozent von pflanzlichem Futter. Es sind langlebige Krebse, deren Männchen erst nach etwa anderthalb, deren Weibchen gar erst nach zweieinhalb Jahren geschlechtsreif werden. Die Reifezeit der Eier beträgt bei dieser eher kühl (um 15 °C) zu haltenden Art 70 Tage!

Dann wäre da noch der australische „Marron", der als *Cherax tenuimanus* beschrieben wurde (der wissenschaftliche Artname bedeutet soviel wie „schlankarmig"). Wie *Cherax destructor* ist dieser Warmwasser-Krebs zumindest im männlichen Geschlecht blau mit roten Hautlappen an den Scheren oder aber mahagonibraun.

Schließlich ist noch ein mexikanischer Flußkrebs zu erwähnen, der bei uns „Montezumakrebs", in Mexiko „Acocil" oder „Cauque" genannt wird. Wissenschaftlich heißt er *Cambarellus montezumae,* ist mit vier Zentimetern ausgewachsen und durchaus züchtbar. Die Reifezeit der Eier beträgt drei Monate, und die Jungkrebse werden noch weitere 10 Tage von der Mutter betreut.

Verwandt mit den Seepferdchen:

Süßwassernadeln

Sie schwimmen nicht: Sie schweben, gleiten oder schlängeln sich elegant über den Boden und umeinander, wobei der Vorderkörper meist keck aufgerichtet, der dünne Schwanz nach hinten abgewinkelt wird. Graziles Filigran scheinen sie, die Zerbrechlichkeit an sich, und mit einem Fisch haben sie auf den ersten Blick nichts gemein. Man muß schon genau hinsehen, um die farblosen Miniaturflossen und die kleinen Kiemenspalten auszumachen, wie die 12 bis 13 Zentimeter langen Tiere ja überhaupt winzig zu nennen sind. Dennoch sind sie sehenswert, gehören mit zu den seltsamsten Erscheinungen unter den Aquarienpfleglingen und ziehen wegen ihrer knallroten Brust die Blicke der Betrachter magisch an.

Ich spreche von Süßwassernadeln, die man, nicht selten zu einem ängstlichen Knäuel zusammengedreht, hin und wieder im Angebot des Zoofachhandels findet. Und wenn sie dann – oft gar für einen Spottpreis – den Besitzer wechseln sollen, vermag sie nicht einmal das Netz in Panik zu versetzen, weil ihnen entsprechende Bewegungsmöglichkeiten schlichtweg fehlen. Flucht als Form des Schutzes vor Feinden ist bei ihnen nicht vorgesehen. Wenn sie mit ihren winzigen Flossen davonpropellern, wird ihre Unbeweglichkeit so recht offenbar...

Meine Erfahrungen mit diesen Tieren liegen schon etwas zurück. Als ich sie kaufte, war ich mir von vornherein klar, daß es sich um Brackwasserbewohner handeln könnte. Sie sind nämlich mit den Seepferdchen verwandt. Außerdem leben die meisten Arten dieses Formenkreises im Meer, weshalb man populär von „Seenadeln" spricht. Daß ich etwas

Porträt einer Süßwassernadel.

Wasser aufbereiten mußte, störte mich aber schon deshalb nicht, weil ich sowieso davon ausging, die zierlichen Tiere nicht vergesellschaften zu können. Inzwischen glaube ich aber, daß sie längst nicht so zimperlich sind, wie man vermutet. Immerhin ist ihr Körper ja durch einen Hautknochenpanzer optimal geschützt. Wie dem auch sei – ich entschied mich seinerzeit, sie in einem kleinen, eigens für sie hergerichteten Aquarium unterzubringen. Ich versprach mir davon auch bessere Möglichkeiten, ihre Lebensweise studieren und sie fotografieren zu können.

Bei dem Versuch, derart ausgefallene Fische zu identifizieren, stößt man auf ungeahnte Schwierigkeiten. Dennoch glaube ich, mit Hilfe der aquaristischen Literatur zumindest ihrem Verwandtschaftskreis und ihren Ansprüchen auf die Spur gekommen zu sein. Einen sicheren Artnamen kann ich aber nicht nennen: Für Vertreter der Gattungen *Doryichthys* und *Microphis* waren meine Tiere zu klein, das heißt von der wohl häufiger eingeführten Großen Süßwassernadel *M. smithi* wichen meine Tiere in der Körper- und Kopfform deutlich ab. Anders sah das schon bei einem Vergleich mit Vertretern der Gattung *Syngnathus* aus, deren bekannteste Art *Syngnathus pulchellus* Boulenger, 1915, ist. Diese Art kommt aber aus Westafrika, während die von mir gekauften Tiere aus dem asiatischen Raum stammen sollten. Beim Vergleich meiner Fische mit einer *Syngnathus-pulchellus*-Population, die nachweislich von der Elfenbeinküste stammt und von R. ZUKAL fotografiert wurde, stellte ich denn auch deutliche Färbungsunterschiede fest. Andererseits werden Süßwassernadeln, die wie meine Fische aussehen, in der aquaristischen Literatur praktisch immer als *Syngnathus pulchellus* vorgestellt. Das liegt womöglich auch daran, daß man über das Aussehen der beiden gelegentlich aus Asien eingeführten Arten *S. djarong* und *S. specifer* kaum etwas weiß. Anhand der spärlichen Angaben bei STERBA glaube ich aber sagen zu können, daß meine Tiere zumindest der letztgenannten Art nicht angehören...

Man kann sich ärgern, wenn solche Fragen nur unbefriedigend gelöst werden. Man kann aber auch froh sein, daß überhaupt aquaristische Erfahrungen mit solchen Fischen weitergegeben werden. Sie liefern nämlich wertvolle Anhaltspunkte, mit welchen Ansprüchen und Schwierigkeiten man rechnen muß, wenn man sein Glück mit der Pflege irgendeiner plötzlich angebotenen, unbekannten Art versuchen will. Dann heißt es, vorliegende Erkenntnisse zu übertragen und herauszufinden, was man anders machen muß, wenn man seiner Verantwortung als Tierhalter gerecht werden will.

Für meine Süßwassernadeln richtete ich ein kleines Aquarium von nur 35 Zentimetern Kantenlänge, etwa 15 Zentimetern Breite und 22 Zentimetern Höhe her, das ich mit Leitungswasser befüllte. Da es bei uns damals mit einer Gesamthärte von 7° und einer Karbonathärte von 6° sehr weich aus der Leitung kam, gab ich einen gehäuften Teelöffel Salz ins

Becken. Es widerstrebt mir, auf eine natürlich wirkende Dekoration zu verzichten, so daß ich ein Sand-Kies-Gemisch als Bodengrund verwendete, aus kleinen Steinen ein paar Versteckplätze baute und abschließend mit Javamoos und Javafarn für etwas Grün sorgte. Ein kleiner Eckfilter, der keine Strömung erzeugte, schuf klare Verhältnisse. Das Aquarium war so plaziert, daß die Temperatur um 25 °Celsius schwankte. Beim gelegentlichen Wasserwechsel mischte ich jeweils etwas abgestandenes Salzwasser zu.

Wegen ihrer unbeholfenen, behäbigen Schwimmweise lassen sich die Süßwassernadeln gut beobachten. Zwar verstecken sie sich gern, kommen aber zumindest zur Fütterung furchtlos hervor. Bei genauerem Hinsehen erkennt man die zu Ringen verwachsenen Knochenplatten, wegen derer sich ihr Körper so hart anfühlt. Ein solcher Panzer ist notwendig, da diesen Fischen jegliche Möglichkeiten der Verteidigung fehlen. Ich denke, man kann sie wehrlos nennen, sollte aber darauf hinweisen, daß ihr Panzer eine recht verläßliche Lebensversicherung ist: Zwischen den Nordseegarnelen, die ich meinen Großcichliden als Futter reiche, sind gelegentlich auch Seenadeln. Während die Buntbarsche die Garnelenpanzer mit Leichtigkeit knacken, würdigen sie die Nadeln keines Blickes. Entweder ist deren Hautpanzer zu hart, oder aber ihr Fleischanteil ist zu gering, als daß er die Mühe des Zerbeißens lohnt.

Die Nadeln besitzen weder eine Bauchwölbung noch eine Afterflosse. Die Rückenflosse und die Brustflossen sind klein und völlig transparent, so daß man ihre Bewegungen kaum wahrnimmt und die Tiere sich nahezu gespenstisch fortbewegen. Nur wenn man genauer hinschaut, kann man sehen, daß die Brustflossen eifrig propellern und daß die Rückenflosse Wellenbewegungen ausführt. Die winzige Schwanzflosse, die fächerförmig aufgefaltet werden kann, steht wohl kaum im Dienste der Fortbewegung. Allerdings benutzen die Fische den langen Schwanz, um sich irgendwo anzuhängen oder abzustützen.

Das Interessanteste an diesen Tieren ist der Kopf mit den seitlich etwas vorstehenden Backen, den je nach Lichteinfall unterschiedlich schillernden Augen und der rüsselförmigen, langen Schnauze, die an die der Seepferdchen erinnert, mit denen die Süß- und Seewassernadeln eng verwandt sind. Wie diese, ›schnappen‹ oder fassen die *Syngnathus* ihre Beute nicht, sondern saugen sie geradezu ein. Der Sog kann unter Umständen so stark sein, daß auch Futtertiere verschluckt werden, deren Größe den Querschnitt des Schlundes übertrifft.

Wenn man diesen extravaganten Pfleglingen abwechslungsreiches Futter bieten will, muß man leider ein gewisses Maß an Aufwand betreiben. Flockenfutter fressen sie nämlich nicht, und auch Frostfutter nehmen sie nur nach allmählicher Gewöhnung (und auch nie besonders gern). Das beste Ersatzfutter scheint mir tiefgefrorenes Tümpelfutter zu sein, und lebendes Teichfutter ist ganz offensichtlich ihre Lieblingsnahrung. Eifrig stellen sie Wasserflöhen und *Cyclops* nach, suchen aber auch jede einzelne *Artemia*-Nauplie auf, auch wenn diese kleinen Krebschen nicht gerade ein besonders kräftiges Futter darstellen. Andererseits hat man bei der Verfütterung von *Artemia* den Vorteil, daß diese in dem leicht salzigen Wasser nicht so leicht absterben, wie das bei der Fütterung von Jungbruten anderer Fische der Fall ist, die in weichem Süßwasser herangezogen werden müssen. Wurmfutter scheint nicht besonders beliebt zu sein, doch fraßen sie bei mir durchaus auch Grindalwürmer. Ob es stimmt, daß sie *Tubifex* verschmähen, konnte ich nicht ausprobieren. Mückenlarven fressen sie aber durchaus. Da ihr Futterbedarf nicht hoch ist, kann man das ganze Jahr über etwas beschaffen oder zumindest mit gezüchtetem Futter über den Winter kommen.

Anfangs glaubte ich, die Geschlechter an der Färbung unterscheiden zu können. Einzelne Tiere zeigten nämlich einen leuchtend roten Bauch, andere nicht. Schon in den ersten Tagen mußte ich aber feststellen, daß alle Tiere in der Lage sind, dieses Färbungsmerkmal zu zeigen. Dabei hellt der Rücken zu einem bräunlichen Ocker auf und eine Art Binden- und Punktmuster aus dunklem Braun erscheint. Dazwischen liegen kleine, bläulich schillernde Tüpfel. Den Kopf ziert ein nun sehr kontrastreich hervortretendes Winkelband, das sich im Auge gabelt. Die Iris ist von einer Anzahl sternförmig verlaufender kleiner Striche umgeben.

Schon bald fand ich heraus, daß die Rotfärbung stets bei innerartlichen Begegnungen gezeigt wurde, also offensichtlich ein Ausdruck der Hochstimmung ist. Die Balz konnte ich

Bei der Paarung verwinden die Süßwassernadeln ihre langen Schwänze.

geradezu regelmäßig beobachten, da sie jeweils kurze Zeit nach dem Einschalten der Beleuchtung begann. Die Tiere zeigten nun eine erstaunliche Bewegungsfreude, verfolgten einander, versuchten, auf gleiche Höhe zu gelangen und bogen dann die Köpfe zur Seite, während die rot gefärbten Bäuche einander zugekehrt wurden. Es dauerte auch meist nicht lange, und die Fische begannen, ihre Körperenden, also die Schwänze, umeinander zu drehen, sich also regelrecht miteinander zu verwinden, während sich gleichzeitig die Oberkörper näherten. Man darf vermuten, daß diese Haltung auch eingenommen wird, wenn die Tiere laichen. Das Weibchen setzt dabei Eier ab, die das Männchen übernimmt und in seiner Bruttasche unterbringt, die unterhalb seiner Analflosse ansetzt. Aus diesem Grunde sind insbesondere Eier tragende Männchen an einer Verdickung des Schwanzstiels zu erkennen, während der Körper der Weibchen sich gleichmäßig zum

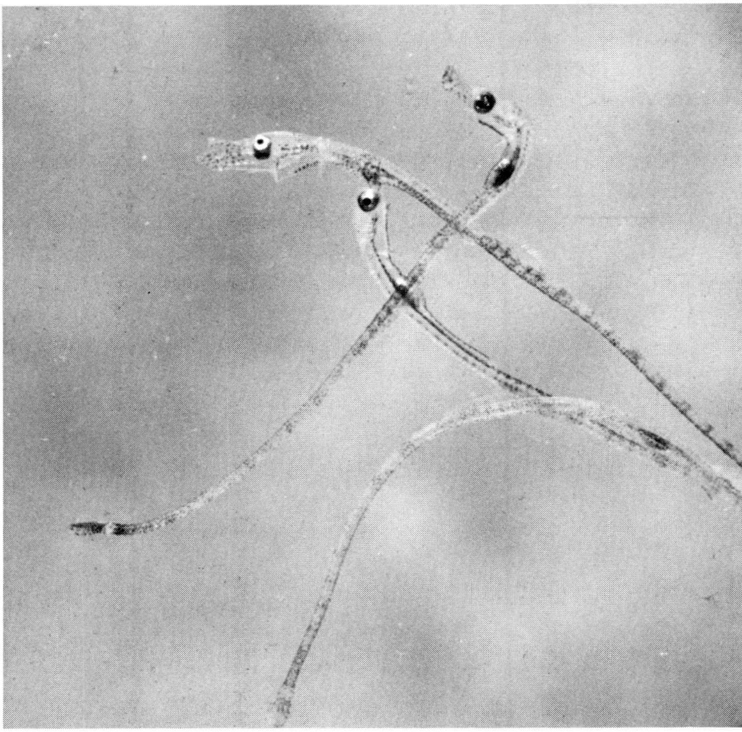

Hauchdünn: die gerade „geborenen" Jungfische der Süßwassernadeln.

Schwanz hin verdünnt. Die bis zu 80 Eier entwickeln sich nach Literaturangaben innerhalb von zwei bis drei Wochen zu selbständig lebensfähigen Jungfischen, die dann zum rechten Zeitpunkt vom Männchen ›ausgeschüttelt‹ werden.

Unter zuckenden Verrenkungen verstreut das männliche Tier die Jungfische im Aquarium, ganz wie es auch bei den Seepferdchen der Fall ist, wo ebenfalls ›der Vater gebiert‹. Als ich zum ersten Mal Zeuge dieser väterlichen Geburt wurde, mußte ich mehrfach hinsehen, bis ich begriff, was geschah. Die vielleicht 15 Millimeter langen Jungfische sind nämlich hauchdünn und glasig transparent, so daß man sie mit bloßem Auge kaum sieht. Prompt war es mir auch unmöglich, geeignetes Aufzuchtfutter anzubieten, denn frisch geschlüpfte

Artemia-Nauplien erwiesen sich als viel zu groß. (Dies ist auch ein Grund dafür, warum ich nicht glaube, daß es sich bei meinen Süßwassernadeln um *S. pulchellus* handelte, denn Jungfische dieser Art soll man mit Salinenkrebschen anfüttern können.) Man muß sich also eine Pantoffeltierchen-Kultur zulegen oder Rädertierchen aufgießen, um die winzigen Jungtiere über die ersten Tage zu bringen. Wenn man anderen Berichten trauen kann, soll das gar nicht so schwer sein, zumal die Alttiere ihren Jungen nicht nachstellen und somit die kleinen Süßwassernadeln nicht getrennt herangezogen werden müssen.

Nicht Schlangen, sondern Fische:

Flössel- und Kiemenschlitzaale

Auch wenn sie an Schlangen erinnern, ist es falsch, Gefährlichkeit oder gar Bösartigkeit zu vermuten. Die Flössel- und Kiemenschlitzaale, die ich in diesem Kapitel vorstellen will, sind als Aquarienpfleglinge weitgehend harmlos, auch wenn sie in Freiheit ein räuberisches Leben führen. Als skurrile Leisetreter möchte ich sie für die Pflege in größeren Aquarien empfehlen.

Die Flösselhechte *(Polypterus)* und die Flösselaale *(Erpetoichthys)* gehören zur Familie der Polypteriden. Die Gattung *Erpetoichthys* ist monotypisch, sie beinhaltet also nur eine Art; diese ist aber höher spezialisiert als die Flösselhechte, die zum Beispiel noch gut ausgebildete Bauchflossen und keinen so extrem schlangenartig gestreckten Körper wie die *Erpetoichthys* besitzen, welche ja trotz ihrer auffälligen Brustflossen auf den ersten Blick wie Schlangen aussehen.

Seinen deutschen Namen verdankt *Erpetoichthys calabaricus* seiner aalförmigen Gestalt und seinen „Flösseln". Die Rükkenflosse besteht nämlich nicht etwa aus einem durchgehenden Flossenkamm, sondern aus mehreren, in der Regel acht bis neun Flösseln oder Flossenstacheln, die allerdings meist angelegt getragen werden, so daß der schlangenartige Eindruck noch verstärkt wird. Auffällig sind die Brustflossen. Ihr kurzer, breiter Stiel ist beschuppt, die Flosse selbst mit einem markanten schwarzen Fleck versehen. Die übrige Zeichnung ist einfach, aber hübsch zu nennen. Das Olivgrün des Rückenbereichs hellt sich zur Körperseite hin etwas auf und wird von einer intensiv orangefarbenen Bauchregion abgelöst.

Der mit Knochenschildern bedeckte Kopf ist flach und breit, mit gerundeter Schnauze und zwei orangefarbenen, hellen Winkeln, welche die Mundspalte optisch verlängern. Die schwarzen Augen sind klein; bei der Nase fallen zwei röhrenförmige Außenteile auf, die wie kurze Tentakeln aussehen und beweglich sind. Die Körperschuppen sind rhombisch, glänzend (Ganoidschuppen) und so hart, daß sich die aalglatten Tiere in der Tat wie Schlangen anfühlen. Die Geschlechter lassen sich an der Körperform, aber auch an der Analflosse unterscheiden. Während die Weibchen nur neun, seltener bis zu zwölf Flossenstrahlen in der Afterflosse tragen, haben die Männchen derer zwölf bis vierzehn. Außerdem soll ihre Anale dunkler und während der Laichzeit verdickt sein. Die Schwanzflosse ist bei beiden Geschlechtern quastenförmig.

Flösselaale sind afrikanischer Herkunft und stammen aus dem Nigerdelta, Nigeria und Kamerun. In ihrem natürlichen Lebensraum bewohnen sie stehendes, verkrautetes, bestenfalls langsam fließendes Flachwasser oder Restwassertümpel und sollen auch in Brackwasserzonen vorkommen. Für das Leben im sauerstoffarmen Wasser sind sie entsprechend angepaßt. Neben der Kiemenatmung sind die Tiere in der Lage, atmosphärische Luft aufzunehmen. Dazu befähigt sie eine zweiteilige Schwimmblase, die wie eine primitive Lunge wirkt. Bei der Aquarienhaltung sollte man daher einen nicht zu hohen Wasserstand bieten, auf starke Wasserumwälzung verzichten und darauf achten, daß das Aquarium bis auf die kleinste Ritze abgedeckt ist. Aussparungen in der Deckscheibe für Heizer, Luftschläuche oder dergleichen füllt man am besten mit Schaumstoff aus. Einmal beugt man so der Erkältungsgefahr vor, da die Tiere auf diese Weise immer erwärmte Luft atmen, andererseits verhindert man auch selbstmörderische Ausflüge. Zwar können Flösselaale durchaus einige Zeit außerhalb des nassen Elementes aushalten (sie sollen bei Trockenheit sogar über Land gehen, um tiefere

Kopf an Kopf – zwei Flösselaale. Diese Fische erinnern im ersten Moment an Schlangen. Gut zu erkennen sind auf dem Bild die NasRententakel.

Gewässer aufzusuchen), doch trockene Zimmerluft macht auch ihnen bald den Garaus. Landwanderungen finden in der freien Natur vermutlich nur bei hoher Luftfeuchtigkeit oder in den frühen Morgenstunden statt, wenn der Boden vom Tau feucht ist.

Wie groß die eleganten ›Schlangenfische‹ werden, kann ich nicht mit Bestimmtheit sagen. In der Literatur schwanken die Angaben zwischen 30 und 90 Zentimetern. Fest steht, daß man niemals kleine Tiere erwirbt, was wohl einerseits daran liegt, daß die Art noch nicht nachgezüchtet wurde und andererseits bei Fangversuchen kleinere Exemplare den Fängern buchstäblich ›durch die Maschen‹ gehen. So sind fast immer nur Tiere zu bekommen, die zwischen 20 und 30 Zentimeter messen und bei denen die Geschlechtsunterschiede schon problemlos zu erkennen sind.

Erpetoichthys calabaricus ist dämmerungs- bzw. nachtaktiv. Tagsüber halten sich die Tiere versteckt. Es ist daher angebracht, für eine dichte Bepflanzung zu sorgen und zusätzliche Verstecke aus Steinen und Wurzeln einzubringen. Da man keinen schlammigen Bodengrund bieten kann, sollte man möglichst feinen Sand oder ein lockeres, niemals scharfkantiges Sand-Kies-Gemisch verwenden.

Auch bei eingeschalteter Beleuchtung werden die Fische am späten Nachmittag bereits unruhig und erscheinen elegant schlängelnd im freien Wasser. ›Putzig‹ wirken vor allem die propellernden Bewegungen der Brustflossen, und obwohl die Bewegungsweise recht unbeholfen aussieht, können sie eine unvermutete Schnelligkeit entwickeln. Es ist jetzt an der Zeit, Futter zu reichen. Dabei muß man aufpassen, daß ihnen die Beute nicht vor der Nase weggeschnappt wird, denn darum balgen können sie sich nicht. Ja, sie sind nicht einmal in der Lage, schneller als andere Aquarienfische zuzupacken.

Und doch sind die Flösselaale Raubfische, die aktiv auf die Jagd gehen – allerdings nur in der Dunkelheit. Tagsüber haben sie so gut wie keine Chance, eine Beute zu überrumpeln. Ihr Sehvermögen ist so schlecht, daß sie sich praktisch völlig auf ihren Geruchs- und Tastsinn verlassen müssen, weshalb sie mit den Nasententakeln über den Boden tasten. Stoßen sie eine Beute an, schnappen sie zu, und was sie einmal mit ihren Hakenzähnen erfaßt haben, kommt ihnen so schnell nicht mehr aus. Wie die Schlangen, so würgen auch sie ihre Beute in einem Stück herunter, und besonders dicke Brocken sind als Körperverdickung noch längere Zeit auszumachen.

In jedem Fall verlangt dieses spezialisierte Freßverhalten etwas Aufmerksamkeit, will man die Fische ausreichend ernähren. Nicht, daß sie im Hinblick auf ihr Futter heikel wären: Fleisch, Fisch, Insektenlarven, Krebse und jedes Lebendfutter werden willig angenommen. Flockenfutter allerdings verschmähen sie zumeist. Wichtig ist, daß überhaupt genügend Futter für sie übrigbleibt. Am besten füttert man also nach dem Ausschalten der Beleuchtung noch etwas nach.

Flösselaal beim Beutefang: Hier ist eine kleine Garnele das Opfer.

Das räuberische Verhalten der Flösselaale schließt eine Vergesellschaftung mit anderen Fischen nicht zwangsläufig aus, man muß ihnen nur genügend große Fische zugesellen. Gegenüber größeren Arten verhält sich *Erpetoichthys calabaricus* nämlich völlig indifferent, ganz wie er selbst von den meisten Fischen nicht beachtet wird.

Die Tiere sind langlebig, ausgesprochen zäh und anpassungsfähig. Lediglich für Zuchtversuche empfiehlt sich weiches, leicht saures Wasser (pH-Wert 6 bis 7, 1 bis 5 °dGH). Doch wie gesagt, Zuchtberichte liegen noch nicht vor, so daß man sich mit Beobachtungen an Flösselaalen durchaus noch aquaristische Sporen verdienen kann. Da sie im Handel regelmäßig auftauchen, wird sich vielleicht auch der eine oder andere Aquarianer finden, der diesen Fischen sein ganzes Augenmerk schenkt. Vielleicht führt die Haltung in einem Artenbecken zu dem Ergebnis, daß wir etwas mehr über die Fortpflanzungsbiologie dieser seltsamen Schlangenfische in Erfahrung bringen.

Ein zweiter ›Aal‹, der als außerordentlich zutraulicher Pflegling empfohlen werden kann, ist der „Kiemenschlitz“- oder „Kurzschwanzaal“ *Synbranchus marmoratus,* der mir in Mittel- und Südamerika immer wieder begegnete, wo er „anguila“ heißt. Doch keine Angst: Man muß seine Kiemenschlitzaale nicht selber fangen, sondern kann sie gelegentlich im Fachhandel finden. Meist sind sie nicht viel länger als Tauwürmer, wenn sie angeboten werden, und in dieser Größe brachte ich auch meine Exemplare mit.

Zu Hause verschwanden die Tiere zunächst unter Steinen oder gar im Sand, steckten aber schon bald neugierig ihre spitze Nase hervor, um ihre Umgebung zu mustern. Schnell lernten sie ihre neue Welt, die übrigen Aquarienfische und auch die Familienmitglieder jenseits der Scheibe kennen und wußten, von wem und von wo sie Futter zu erwarten hatten. Es dauerte gar nicht lange, da fraßen sie aus der Hand.

Synbranchus marmoratus wird bis zu 1,50 Meter lang, kann aber über lange Zeit in Aquarien ab 1,20 Meter Kantenlänge gepflegt werden. So räuberisch, wie er in der aquaristischen Literatur gelegentlich geschildert wird, ist er nicht, so daß ich sogar dazu rate, ihn als Beifisch zu pflegen. Freilich darf man ihm keine mundgerechten Futterfische ins Becken setzen: Aber wenn man die Größe der in seiner Gesellschaft lebenden Fische der Größe des Aals und den Maßen seines tief gespaltenen Maules anpaßt, kann eigentlich nichts passieren. Allerdings kommt wohl nur die Pflege von Einzeltieren in Betracht: Untereinander sollen sie sehr zänkisch und bissig sein (LÜLING, 1980).

Wenn man das Verhalten der Kiemenschlitzaale optimal beobachten will, sollte das (geräumige) Aquarium niedrig sein, eine große Grundfläche haben und mit einer hohen

---

Rechte Seite:
Oben: Jugendlicher Kiemenschlitzaal *Synbranchus marmoratus.*

Unten: Gerne graben sich die Kiemenschlitzaale mit ihrem Hinterende ein, während sie „vorn“ um Futter betteln.

Bodenschicht aus feinem Material ohne scharfe Kanten versehen sein. Besonders günstig ist es, wenn sie zu einer Seite hin (fast) bis zur Wasserlinie ansteigt oder wenn eine entsprechende (mit Bodengrund befüllte) Terrasse vorhanden ist. Die Wasserwerte und die sonstige Beschaffenheit des künstlichen Lebensraumes spielen fast keine Rolle: Ich fand diese flossenlosen Tiere zwar meist in stehenden, schlammigen und verkrauteten Tümpeln und Teichen, aber auch in Mischwasserzonen (Brackwasser) und – zu meiner großen Überraschung – sogar in mineralarmem Fließwasser. Dabei schwankten die Temperaturen zwischen 23 und 32 °C.

Kiemenschlitzaale sind keine echten Aale, anatomisch also abweichend gebaut. Ihren Sauerstoffbedarf decken sie zum Teil aus der Luft und orientieren sich deshalb stark zur Oberfläche hin. Da sie andererseits Substratbewohner sind, die so gut wie nie im freien Wasser schwimmen, besiedeln sie in der Regel Flachwasserzonen. Dort nutzen sie Steine oder Pflanzen als Unterlage oder Gleitfläche und atmen auf je nach den Umständen unterschiedliche Weise. In sauerstoffreichem Wasser atmen sie bei leicht geöffnetem Maul und kaum sichtbaren Atembewegungen durch die Kiemen. Sind die Sauerstoffverhältnisse ungünstiger, werden auch die Atembewegungen der Kiemen kräftiger und offensichtlicher. Aber auch das Maul steht ständig halb offen, damit mehr Wasser einströmen kann. Die dünnwandige Kiemenhöhle, die mit Hilfe feiner Äderchen reich durchblutet wird, beult sich dann deutlich aus, wobei sich die Wölbung schnell von vorn nach hinten verschiebt. Schließlich tritt das Kiemenwasser durch den quergestellten Kiemenschlitz wieder aus.

Ob viel oder wenig Sauerstoff vorhanden ist, spielt nur eine Rolle für die Häufigkeit, mit der atmosphärische Luft geatmet wird. Dazu reckt der Aal das Maul bis über die Wasseroberfläche hinaus und nimmt Luft in den Kiemensack auf, der sich bis zur Größe eines Tennisballes blähen kann. Nach einer gewissen Pause wird dann die Luft unter Wasser durch das Maul oder durch die Kiemenspalte abgegeben, und der Aal sinkt zum Boden zurück. Gelegentlich wird der mit Luft gefüllte Atemsack auch als Auftriebkörper genutzt, so daß der Fisch für vertikale Bewegungen kaum Kraft aufwenden muß.

Junge Kiemenschlitzaale nehmen häufig eine ganz charakteristische Stellung ein. Dabei ist ihr Vorderkörper zur Wasseroberfläche hin senkrecht aufgerichtet, während der kurze Schwanz als Stütze dient und im oder auf dem Substrat nach hinten abgewinkelt wird. Ich selbst habe dieses Verhalten an Exemplaren bis an die 60 Zentimeter Länge beobachtet, obwohl man bei LÜLING (1959) lesen kann, daß ältere Kiemenschlitzaale wegen ihres massigen Körpers nicht mehr in der Lage sein sollen, diese Haltung einzunehmen. Aus dem gleichen Grund wird vermutet, daß sich die Tiere in um so flacherem Wasser aufhalten, je älter und schwerer sie werden.
Kiemenschlitzaale können durchaus das Wasser verlassen und tun das vor allem im Alter gern. LÜLING (1975) schreibt, daß sie sich, eine nahezu gesättigte Luftfeuchtigkeit vorausgesetzt, zeitweilig sogar länger außerhalb des Wassers als im Wasser aufhalten. Später (1980) berichtet er, daß die „Kopfwühler" im Uferbereich verzweigte Grabröhren von bis zu zweieinhalb Meter Tiefe anlegen, die erst senkrecht, dann leicht schräg oder waagerecht verlaufen und teils mit Wasser gefüllt, teils (oder zeitweise) völlig trocken sind. In einer solchen Trockenröhre, die über die Kapillarwirkung des Bodens feucht gehalten wird und die der Aal von innen her mit einem Lehmpfropfen verschließt, damit die Luftfeuchtigkeit erhalten bleibt, können Kiemenschlitzaale wochenlang überdauern. Sie verfallen dabei nicht etwa in einen Lethargiezustand, sondern bleiben durchaus aktiv, wenn auch nicht ganz so beweglich wie im freien Wasser. Was sich verändert, ist ihre Haut: Sie scheint wie mit einem Lackfilm überzogen, so daß man die Aale ohne Schwierigkeiten mit der Hand fassen kann, während einem Tiere, die man aus dem Wasser nimmt, garantiert entgleiten.

Während des Rückzugs in trockene Röhrenbereiche wird der wesentliche Sauerstoffbedarf höchstwahrscheinlich durch Hautatmung gedeckt, doch dürften auch die *Synbranchus*-Kiemen einen Teil der Atmung übernehmen; sie gehören zu den wenigen Fischkiemen, die bei hoher Luftfeuchtigkeit auch außerhalb des Wassers bedingt funktionsfähig bleiben. – Die Rückzugsröhren werden immer nur von einem Aal angelegt und bewohnt. Häufig werden ihre Besitzer aber von Elektrischen Aalen *(Electrophorus electricus)* vertrieben oder getötet, die dann ihrerseits in die Röhren einziehen. Vorübergehend werden die Röhren auch von bestimmten Welsen *(Dianema longibarbis)* aufgesucht.

Es ist aber nicht so, daß *Synbranchus marmoratus* zeitweilig an Land gehen muß. Ich selbst habe meine Kiemenschlitzaale in Aquarien ohne ausgesprochene Landteile gepflegt. Ihr Drang, aus dem Aquarium zu entwischen, ist nach meinen Erfahrungen vor allem solange groß, bis sie sich eingewöhnt und einen Lieblingsplatz ausgewählt haben. Trotzdem rate ich dazu, ihr Aquarium perfekt abzudecken und die Deckscheiben zusätzlich zu beschweren, weil die Tiere sehr kräftig sind.

Daß Kiemenschlitzaale sehr zutraulich werden, habe ich schon erwähnt. Eine natürliche Scheu bleibt aber immer erhalten. So reagieren sie erschreckt auf plötzliche Bewegungen, Lichtreflexe und vor allem Erschütterungen. Erschrickt ein solcher Aal, ›fährt‹ er im wahrsten Sinne des Wortes blitzschnell zurück und verschwindet im Schutz des Substrats.

Es macht keine Schwierigkeiten, Kiemenschlitzaale zu ernähren. Nach meinen Erfahrungen nehmen sie jedes Frost- und Preßfutter und begeistern sich für Regenwürmer und Fische, von denen größere zerbissen oder durch Drehbewegungen des eigenen Körpers zerteilt werden, bevor der Aal sie verschlingt.

Über die Fortpflanzung von *Synbranchus marmoratus* weiß ich leider nichts zu berichten. Lüling spricht zwar von „Wanderzeiten und Laichgewohnheiten“, äußert sich aber nicht, ob zwischen beiden ein Zusammenhang besteht und auf welche Weise sich die Fische vermehren. Womöglich gibt es aber Parallelen zum Ostasiatischen Kiemenschlitzaal *Monopterus albus,* den man auch ›Reisaal‹ nennt, weil er zwischen Nordchina und Japan bis Thailand, aber auch in Burma, auf den Philippinen und in Indonesien in Reissümpfen vorkommt. Dieser „zweischlitzige“ Reisaal ist fast noch hübscher gefärbt (kräftiger gemustert) als *Synbranchus marmoratus* und wird auch „nur“ 60 bis 80 Zentimeter lang. In Schlammkokons kann er die Trockenzeit überdauern, und da seine Kiemen anders als bei *S. marmoratus* stark verkümmert sind, atmet er atmosphärische Luft. Dazu dienen auch bei ihm die reich durchbluteten Membranen des Kiemensackes.

Bei diesem Aal könnte es sich um *Monopterus albus* handeln.

Nach Freilandbeobachtungen weiß man, daß *Monopterus albus* im Sommer Schaumnester baut. Ob daran beide Geschlechter beteiligt sind, ist allerdings nicht bekannt. Die im Nest an der Wasseroberfläche untergebrachten Eier werden vom Männchen bewacht. Möglicherweise erstreckt sich die Brutpflege auch auf die frisch geschlüpften Jungen.

Für große Aquarien:

Scheibensalmler, Hasenschnuten und Kopfsteher

Salmler, so kann man ohne Übertreibung behaupten, gehören zu den beliebtesten Aquarienfischen. Nahezu in jedem herkömmlichen Gesellschaftsaquarium schwimmen Salmlerverwandte, und viele Arten gehören zum Standardsortiment der zoologischen Fachgeschäfte. Und doch habe ich Grund zu der Annahme, daß wir die Salmler vernachlässigen. Man pflegt sie meist weniger aus Interesse am Fisch als vielmehr aus optischen Gesichtspunkten oder gar deshalb, weil man sie problemlos vergesellschaften kann. Spezielle Literatur über Salmler oder Aquarianer, die sich schwerpunktmäßig oder gar ausschließlich den Salmlern widmen, gibt es kaum. Wenn intensive Salmlerzucht betrieben wird, dann meist nur aus wirtschaftlichen Beweggründen. So trifft man denn auch immer wieder auf dieselben Arten, für die zum Großteil schon ›eindeutige‹ Populärnamen verfügbar sind. Fast alle sind kleinere Fische, während Großsalmler so gut wie nicht gepflegt werden.

Es fällt mir schwer, einleuchtende Erklärungen zu finden, warum wir Aquarianer vor allem Großsalmler derart stiefmütterlich behandeln. Eingefleischte Freaks haben sich schon immer ihre Fische ›wer weiß wo‹ zusammengesucht, durchaus hohe Preise gezahlt und in Kauf genommen, daß ihre Lieblinge besondere Ansprüche stellen. Man pflegt ausgesprochene Raubfische, Vegetarier, die keiner Pflanze eine Chance lassen, Buntbarsche der Bullenklasse und nahezu ›unsichtbare‹ Leisetreter. Salmler aber klammern wir aus. Mangelt es womöglich an beobachtenswertem Verhalten? Ich glaube nicht. Zumindest wissen wir ja kaum, was die vielfach spezialisierten Fische in dieser Hinsicht zu bieten haben.

Ich will zugeben, daß auch ich bisher nur wenig aquaristische Erfahrung mit Großsalmlern gesammelt habe. Auf meinen Reisen in Mittel- und Südamerika sind mir aber viele der unübersehbar prächtigen Arten begegnet, und so ist erstes Interesse geweckt worden. Mittlerweile sind auch einige meiner Reisebegleiter der Faszination dieser Tiere erlegen und haben wie ich die eine oder andere Art in ihre Aquarien geholt. In keinem Fall sind sie – sind wir – enttäuscht worden, so daß ich hier die Pflege von Großsalmlern anregen möchte. Und da ich mich hier beschränken muß, habe ich die südamerikanischen Scheibensalmler und einige Engmaulsalmler (Hasenschnuten und Kopfsteher) ausgewählt.

Wenn man an der Pflege solcher Fische Freude haben will, benötigt man auf jeden Fall ein geräumiges, mit einer leistungsstarken Filterung ausgestattetes Aquarium, doch sind große, stabile Nur-Glas-Aquarien und starke (Tauch-)Kreiselpumpen heute nicht mehr teuer. Ein Aquarium für Großsalmler sollte ein Mindestmaß von 150 Zentimetern Länge und etwa 50 Zentimetern Höhe aufweisen, darf aber durchaus größer sein. Der Tiefe des Aquariums kommt weniger Bedeutung zu, als das bei einem Aquarium für territoriale Buntbarsche der Fall wäre. Die Förderleistung der zugehörigen Pumpe sollte nicht unter 1000 l/h liegen, damit das Wasser klar bleibt und für eine gewisse Strömung gesorgt ist, wie sie insbesondere die Anostomiden schätzen, zu denen auch die Hasenschnuten und die Kopfsteher gehören.

Ein Aquarium für Scheibensalmler sollte nicht zu hell stehen und nicht übertrieben stark beleuchtet werden. Tageslichteinfall von schräg oben ist allerdings wünschenswert, weil dann die metallisch glitzernden Fischleiber besonders gut zur Geltung kommen. Für eine dekorative Abschattung sorgen Schwimmpflanzen, deren Wurzelbüschel auch ins tiefere Wasser hinabreichen dürfen. Große, langwurzelige Schwimmpflanzen erzielt man, indem man immer nur die jüngsten vier oder fünf Blätter beläßt und die übrigen entfernt. Mit einem Perlonfaden kann man sie an gewünschter Stelle in Position halten. In ein Aquarium für Hasenschnuten und Kopfsteher sollte zumindest an einigen Stellen konzentriertes Licht einfallen, was man durch die Verwendung von Strahlern erreicht. So kann sich der von diesen Fischen geschätzte Algenrasen entwickeln. Ja, viele Großsalmler ernähren sich teilweise vegetarisch, und so muß in den meisten Fällen auf eine Bepflanzung verzichtet werden, zumindest mit zarteren Arten.

Schwimmpflanzen kann man aber immer verwenden. Sie sind schnellwüchsig, und ihre jungen Triebe befinden sich oberhalb der Wasserlinie, so daß neue Blätter ungestört nachwachsen können. Außerdem nehmen die meisten Großsalmler ihr Futter nicht gern von der Wasseroberfläche, so daß sie sich um Schwimmpflanzen ohnehin kaum kümmern. Füttert man seine Fische mit Salat oder Spinat, sollte man ihn zuvor überbrühen oder vorübergehend in die Tiefkühltruhe legen. Er sinkt dann leichter ab und ist außerdem leichter verdaulich.

Auch mit wenigen harten oder gar ohne Pflanzen kann man ein solches Aquarium wirkungsvoll gestalten. Pflegt man Scheibensalmler, empfiehlt sich für den Hintergrund die Verwendung von Kork. Aber auch Steine und Wurzeln haben in einem solchen Aquarium ihren Platz, wenn auch Verstecke weniger wichtig sind als Schwimmraum. Wer zum Beispiel Hasenschnuten pflegt, muß den Tieren hinreichende Bewegungsmöglichkeiten bieten. Bei den Kopfstehern (zu denen ich auch die Brachsensalmler zähle) kommt es darauf an, daß sich die Tiere in eine künstlich erzeugte Strömung stellen können. Am liebsten nutzen sie dazu einen lichten Unterstand, weshalb man auch Versteckmöglichkeiten anbietet. Man sollte aber keinesfalls ein Becken gestalten, wie es für Cichliden gebraucht wird. Als Bodengrund empfiehlt sich mittlerer bis grober Kies, aus dem ein paar große Flußkiesel hervorragen dürfen.

Wichtigstes Dekorationsmittel sind aber die Fische selbst. Scheibensalmler eignen sich für hohe Aquarien, und da sie ausgesprochene Schwarmfische sind, sollten sie in Gruppen von acht bis vierzehn Tieren pro Art gepflegt werden. Ähnliches gilt für die Hasenschnuten, für die man ein möglichst gestrecktes Aquarium herrichten wird. In Abhängigkeit von der Beckengröße rate ich in allen Fällen dazu, bis zu drei Arten miteinander zu kombinieren.

Wenn es um Scheibensalmler geht, denke ich immer an jenen Tag im Einzug des Rio Xingú zurück, als wir zu zweit die Taucherbrillen aufsetzten und uns Seite an Seite in einen Bachlauf zwängten, uns mehr kriechend als schwimmend vorwärtshangelten. Wir erlebten eine Unterwasserwelt, die uns begeisterte, aber auch Angst machte. Wo das Sonnenlicht durch die Oberfläche drang, funkelte das Wasser zwar hübsch rotbraun, doch im Schatten herrschte eine unheimliche Dunkelheit. Wir mußten unsere Augen schon sehr anstrengen, um halbwegs zu erkennen, was sich da vor und unter uns abspielte, wo und wie man weiterkam. Und dann, plötzlich, schossen zahllose Fische auf uns zu, deren hohe, silbrige Leiber wie Metall reflektierten. „Piranhas!“ schoß es mir durch den Kopf, bis ich erleichtert erkannte, daß es Scheibensalmler waren, deren Schwärmen sich nur einzelne Piranhas angeschlossen hatten – die übrigens tatsächlich auch zu den Salmlern zählen! Wir atmeten beruhigt durch: Die eleganten Glitzerfische waren harmlose Pflanzen- und Früchtefresser, von denen absolut keine Gefahr drohte. Und so erfreuten wir uns an ihren Schwärmen und wünschten uns schon damals, den Anblick eines solchen geschlossenen Verbandes auch einmal im Aquarium genießen zu können.

Die Identifizierung von Scheibensalmlern ist ein äußerst schwieriges Kapitel, weil die Systematik der Gattungen *Myleus* und *Metynnis* mehr als zu wünschen übrig läßt. Andererseits kann man die Gattungen relativ leicht bestimmen, so daß es genügt, wenn ich Merkmale nenne, die man auch als Nichtwissenschaftler erkennt. Beginnen will ich mit den *Mylossoma* oder Mühlsteinsalmlern, die als Jungtiere regelrecht kreisförmig aussehen und unverhältnismäßig große Flossen haben, während sie sich im Alter etwas strecken. Die bekannteste Art ist *Mylossoma duriventre,* die mit einer

Nahezu kreisrund: der „Mühlsteinsalmler" *Mylossoma duriventre.*

Gesamtlänge von über 25 Zentimetern relativ groß wird und für die *M. albiscopus, M. ocellatum, M. argenteum* und *M. unimaculatum* als Synonyme gelten. Sie besitzt die gattungstypischen Merkmale einer kreisförmig gebogenen Brustlinie, einer stark eingebuchteten Stirn und einer kurzen und dreieckigen, wimpelförmigen Rückenflosse ohne Stachel. Das wichtigste Erkennungsmerkmal der *Mylossoma* ist aber ihre lange Afterflosse, die aus über 35 Strahlen besteht und fast ganz mit kleinen Schuppen bedeckt ist. Erwachsene Tiere sind fast rein silbern, doch schimmern bestimmte Körperpartien bläulich oder grünlich, während die Kehle und die seitliche Brust (hinter dem Kiemendeckel) rötlich angehaucht sein können. Einzelne Tiere mögen eine rötlich oder gelb gesäumte After- und Schwanzflosse haben. Jüngere Exemplare zeigen zudem einen dunklen Fleck am Kiemendeckelrand, der als Schulungsmerkmal interpretiert worden ist. – Die Art ist im Amazonas-Solimões weit verbreitet. Ich selbst fand sie im Einzugsgebiet der Rio Meta bei Puerto Gaitán in Kolumbien.

Eine zweite wichtige Scheibensalmlergattung heißt *Myleus* und ist durch eine lange Rückenflosse mit kleinem Stachel, eine scharf gekielte Brust und eine auffällig geformte Afterflosse gekennzeichnet: Beim Männchen ist die weit nach unten reichende, vorn säbel- oder sichelartig ausgezogene, nach hinten gebogene Analflosse nahezu ›zweilappig‹, beim Weibchen etwas weniger extrem entwickelt, aber immer noch deutlich eingekerbt.

So einfach die Gattungsbestimmung ist, so schwierig ist die Identifizierung der Arten, von denen man *Myleus torquatus* immer noch am besten erkennt. Ihr auffälligstes Kennzeichen sind deutliche schwarze Flossenränder in der Afterflosse und der Schwanzflosse. Im Vergleich zu anderen *Myleus* sind die weichstrahlige Rückenflosse (21 bis 23 Strahlen) und die weichstrahlige Afterflosse (27 bis 30 Strahlen) etwas kürzer. Sonstige Merkmale (etwa die Schuppengröße) kann man als Aquarianer kaum zur Identifizierung nutzen. Es sind hübsche Fische mit silbriger Grundfärbung und orangefarbigen Flossen, die etwa 20 Zentimeter erreichen und im Amazonas-Einzug unter anderem aus dem Branco, dem Solimões, dem Madeira und dem Xingú nachgewiesen sind. Ich selbst fing

△ Hübsch gefleckt: *Myleus torquatus.*

Dieses Jungtier von *Myleus rubripinnis* besitzt noch dunkle Flossensäume, die später verschwinden. ▽

etwa vier bis acht Zentimeter große Jungtiere in Brasilien im System des Rio Araguaia.

Die weiteren Fische dieses Formenkreises werden etwa 25 Zentimeter groß und gehören in einen sogenannten *Myleus-rubripinnis*-Komplex, dessen Vertreter man leicht daran erkennen kann, daß ihnen der schwarze Rand in der Afterflosse und der Rückenflosse fehlt. Außerdem sind die weichstrahlige Afterflosse (mehr als 30 Strahlen) und die weichstrahlige Rückenflosse (mehr als 23 Strahlen) etwas länger. Die Körperfärbung tendiert zumindest bei Jungtieren gegen metallisch grün oder gelb, und die untere Körperhälfte ist oft mit rostroten Flecken geschmückt. Aber auch während der Laichzeit, wenn die *Myleus* in die Oberläufe der Flüsse einwandern, zeigen die Tiere große rötliche Flecke auf dem Körper. Nicht umsonst ist die Art auch als *M. maculatus* beschrieben worden. Neben diesem Synonym trifft man häufig auf die Bezeichnung *M. gurupyensis,* über die das letzte Wort noch nicht gesprochen scheint. Jedenfalls macht man nichts falsch, wenn man von *Myleus rubripinnis* spricht und damit einen Namen verwendet, der tatsächlich paßt: Die Afterflosse und meist auch die Rückenflosse sind nämlich in ihrem vorderen Teil rostrot gefärbt.

Außer im Amazonasgebiet kommen verschiedene Formen des *Myleus-rubripinnis*-Komplexes in Guyana und Surinam, aber auch im Paraguai-System vor. Ich selbst fing die Art im Rio-Aguarico-Einzug im östlichen Ekuador.

Die Scheibensalmler der dritten hier vorzustellenden Gattung *Metynnis* erkennt man an ihrer langen Fettflosse, die man auch Adipose nennt. Auch sie besitzen einen kleinen Rückenflossenstachel, auf den die Gattungsbezeichnung anspielt. Offenbar gibt es in dieser Gattung keine so deutlichen Geschlechtsunterschiede wie bei den *Myleus.* Wie bei den anderen Scheibensalmlern ist die Bestimmung der Arten eine schwierige Angelegenheit, zumal die meisten in ihrer Jugend leicht gefleckt sind.

Die beiden wichtigsten Arten sind mir begegnet: *Metynnis hypsauchen* (der Artname bedeutet „mit hohem Nacken“) habe ich im Araguaia-System gefangen, doch kommen die Fische auch in Guyana, im übrigen Amazonas- und im Para-

Metynnis hypsauchen ist ein gestreifter Scheibensalmler.

guai-Becken vor. Kennzeichen der um die 15 Zentimeter erreichenden Art sind eine vergleichsweise lange und niedrige Adipose, zahlreiche (35) Kiemenrechen und ein Schulterfleck. Manchmal zeigen die Fische aber auch drei bis fünf dunkle Vertikalbinden, weshalb man vom „Gestreiften Scheibensalmler" sprechen könnte. Der silberne Körper ist aber auf jeden Fall ungefleckt.

Metynnis maculatus (der Artname bedeutet „gefleckt") begegnete mir in dem am Anfang dieses Kapitels erwähnten Zufluß zum Rio Xingú, ist aber auch im Guaporé verbreitet. Von der vorgenannten Art unterscheidet sich der „Gefleckte Scheibensalmler" durch eine etwas kürzere, dafür aber höhere Fettflosse, nur 21 bis 25 Kiemenrechen und deutliche Flecke in den oberen zwei Dritteln des in diesem Bereich auch dunkleren Körpers. Im Gegensatz zu anderen *Metynnis*, bei denen in der Jugendzeit schwache Flecken vorhanden sind, tritt die Fleckenzeichnung bei *M. maculatus* erst mit dem Heranwachsen deutlich hervor. Eine Schulterbinde kann verschwommen zu erkennen sein. Das Rot der Flossen ist etwas blasser als beim „Gestreiften Scheibensalmler“.

Wo immer uns Scheibensalmler begegneten, trafen wir sie in Gruppen oder Schwärmen, und wenn sie vor uns flohen, dann immer ins Freiwasser hinaus. Dabei nehmen sie weite Wege, fliehen also über Strecken von 50, 100 oder noch mehr Meter hinweg und wandern wahrscheinlich auch, jedenfalls halte ich sie nicht für standorttreu. Es sind scheue Fische, die gedämpftes, ›schummriges‹ Licht lieben und die zu hektischen Fluchtreaktionen neigen, potentielle Feinde wenn möglich aber gar nicht erst zu nahe kommen lassen, so daß sie nicht nur wegen ihrer Schnelligkeit schwer zu fangen sind. Auch im Aquarium bleiben sie lange scheu und brauchen viel Platz, damit nicht die Gefahr heraufbeschworen wird, daß sich erschreckte Tiere in Panik an einer der Scheiben den Kopf ›einrennen‹.

Fast immer fanden wir die Arten in klarem, sauerstoffreichem Wasser, das entgegen den Angaben in der Literatur (man empfiehlt meist Wassertemperaturen um 27 °C) oft eher kühl war (pH 5,5 bis 6,8; dGH bei 5 bis 50 µS kaum meßbar; 21,5 bis 24,5 °C). Womöglich schwanken die Temperaturen aber je nach Herkunft und Jahreszeit (ich fischte stets im ›südamerikanischen Winter‹) ganz beträchtlich. – Wenn das Wasser nicht floß, handelte es sich um aufgestautes Wasser mit großer Oberfläche, von dem Zu- und Ablauf häufig abgeschnitten waren, so daß die Tiere in diesem Restwasser auf Gedeih und Verderb ausharren mußten. Hier waren sie natürlich am einfachsten zu fangen.

Unter den Engmaulsalmlern warten wahrscheinlich die im nahezu gesamten ostandinen Südamerika verbreiteten (genauere Angaben würden hier zu weit führen) Hasenschnuten der Gattung *Leporinus* mit der größten Artenvielfalt auf. Jedenfalls kann bis zum heutigen Zeitpunkt niemand sagen, wie viele Arten es gibt, wie viele der beschriebenen gültig sind und wie viele man noch entdecken wird. (Immerhin konnte ich selbst erst 1988 in einem Oberlauf des Xingú einen noch unbeschriebenen *Leporinus* nachweisen.) Ein noch größeres Problem besteht in der Tatsache, daß die Arten weit verbreitet sind und je nach Herkunft unterschiedlich aussehen, so daß man oft nicht weiß, ob man es mit einer oder mit mehreren Arten zu tun hat. Aus diesem Grunde spricht der

△ *Metynnis maculatus:* Der Artname bedeutet „gefleckt“.

Leporinus friderici aus Französisch-Guyana. ▽

bekannte Salmlerspezialist Dr. GÉRY von „Artengruppen“, deren Vertreter durch Zeichnungsmerkmale charakterisiert sind. So ergeben sich drei Gruppen mit Querbändern (die Arten um *L. trifasciatus* mit drei Querbändern und einer Schwanzbinde; Arten mit sieben oder acht Binden; die Arten um *L. fasciatus* mit neun oder zehn Binden), eine *Leporinus-lacustris*-Gruppe (Arten mit einem oder zwei Körperflecken, aber ohne Schwanzfleck), eine *Leporinus-friderici*-Gruppe (Arten mit drei oder vier Flecken) und eine *Leporinus-maculatus*-Gruppe (Arten mit mehreren Flecken), sodann eine Artengruppe mit einem oder mehreren Längsstreifen und eine letzte ganz ohne Zeichnungsmuster, wobei der Schwanzfleck nicht zählt. Man muß sicher auch wissen, daß sich dieser Schlüssel auf die Zeichnung erwachsener Tiere bezieht, von denen die größten an die 40 Zentimeter erreichen können.

Natürlich werden nicht alle Arten so groß, so daß man von „durchschnittlichen“ Gesamtlängen zwischen 20 und 30 Zentimetern sprechen kann. Glücklicherweise sind die Tiere untereinander auch nicht so zänkisch, wie häufig berichtet wird. Ich selbst habe, allerdings in einem Aquarium von 180 Zentimetern Kantenlänge, eine Gruppe von sieben in Französisch-Guyana gefangenen *L. „friderici“* über einen längeren Zeitraum gepflegt, ohne daß sich die Tiere untereinander tyrannisiert hätten. Möglicherweise ist das nur bei paarweiser Haltung oder bei der Pflege weniger Individuen der Fall. Laut FRANKE (1986) jagen vor allem die größeren Weibchen die Männchen, von denen bei mir das kleinste und hagerste den Damen besonders dreist nachstellte, ganz wie der ›gute‹ Hahn, der bekanntlich nicht fett wird. Ich will auch betonen, daß *L. friderici* durchaus nicht die farbschwache Art ist, als die man sie gelegentlich hinstellt.

Die *Leporinus* sind gewandte und lebhafte Schwimmer, was ihren Platzbedarf begründet. Gleichzeitig schnellen diese Unterwasser-Torpedos auch gern über die Wasserlinie hinaus, so daß man ihr Aquarium gut abdecken muß. In der Gesellschaft anderer großer Fische kommen sie nach meinen Erfahrungen bestens zurecht, jedenfalls zeigten sie bei mir auch vor kräftigen Großcichliden keine Scheu. Damit kommen sie auch als Beifische in Betracht, zumal sie sich trotz Selbstbewußtsein gegenüber anderen Fischen friedlich verhalten.

Leporinus fasciatus ist wegen seiner intensiven schwarz-gelben Bänderung in öffentlichen Schauaquarien häufig vertreten.

Alle *Leporinus*-Arten besitzen ein mehr oder weniger unterständiges, kleines Maul, das ihnen ihren wissenschaftlichen Gattungsnamen eingebracht hat. *Leporinus* bedeutet nämlich soviel wie Häschen, und populär sprechen wir aus demselben Grund von Hasenschnuten. Die Mäuler sind übrigens mit kräftigen, treppenartig angeordneten Zähnen versehen, mit denen sie jede Art Futter zu zerkleinern vermögen. Große Brocken fressen sie zwar nicht gern, bei Bedarf stahlen sie meinen Großcichliden aber durchaus ausgewachsene Nordseegarnelen! Und daß sie deren Panzer knackten, stand völlig außer Frage. Überhaupt sind sie dankbare Futterverwerter, wobei ihre größte Liebe vegetarischer Kost gilt. Kann man (beispielsweise im Winter) kein frisches Grün (Salat, Spinat,

China- und Rosenkohl, Erbsen) reichen, muß man auf gefrostetes Gemüse oder vorgequollene Haferflocken ausweichen.

Bis jetzt ist lediglich eine (womöglich falsch als *L. maculatus* bezeichnete) *Leporinus*-Art in Gefangenschaft nachgezüchtet worden. Die Fische laichten nach heftigem Treiben des kleinen Männchens im freien Wasser und entpuppten sich als Laichräuber. Die Aufzucht der Jungfische machte keine Schwierigkeiten. Da ich meine *L. „friderici"* schon häufiger treiben sah, gehe ich davon aus, daß die Zucht auch dieser (und weiterer) Art(en) möglich ist, daß es bislang womöglich nur an gezielten Zuchtversuchen gefehlt hat.

Was die Kopfsteher der Gattung *Anostomus* und (die auch als Brachsensalmler bezeichneten) *Abramites* angeht, so hatte ich verschiedentlich Gelegenheit, die Tiere in Brasilien und Venezuela in Freiheit zu beobachten, woher auch mein Interesse an diesen Tieren rührt. Nie hätte ich geglaubt, daß Fische scheinbar völlig regungslos kopfunter in der stärksten Strömung zu stehen vermögen, wo sie dann auch noch engen Kontakt zu einem Partner *(Abramites)* oder einer ganzen Schule *(Anostomus)* halten und gleichzeitig zwischen irgendwelchen Felsspalten und Ritzen nach Futter suchen. Ihre eleganten Schwimmanöver, ihr manchmal schaukelndes Auf und Ab und plötzliche Vorwärtsbewegungen (in nahezu normaler Schwimmlage) mit der Strömung oder gar gegen sie sind in klarem Wasser ein derart faszinierendes Schauspiel, daß ich diese Bilder noch immer vor Augen habe.

Auch die südamerikanischen Kopfsteher gehören zur Familie der Engmaulsalmler. Allerdings haben sie ein oberständiges Maul, worauf auch der Gattungsname anspielt. Da der Unterkiefer schräg nach oben steht, also vor dem Oberkiefer, können sich die Tiere aus senkrechten Vertiefungen und engen Spalten ihr Futter holen. Aber natürlich schwimmen sie aus diesem Grund auch mit dem Kopf nach unten. In Freiheit

---

Rechte Seite:

Oben: *Leporinus striatus* gehört zu den längsgestreiften „Hasenschnuten".

Unten: Eine neue „Hasenschnute" der *L.-maculatus*-Gruppe aus dem oberen Xingú in Brasilien.

sah ich ganze Schwärme in senkrechter Position oder seitlicher Rückenlage an algenbewachsenen Felsen weiden. Eine geringe Drehung ihres walzenförmigen Körpers genügt, und schon wenden sie sich einem gegenüberliegenden Substrat zu. Bei einer nahe verwandten Gattung, den *Sator*, scheint die Spezialisierung übrigens so etwas wie ein Extrem erreicht zu haben. *Sator respectus* besitzt Augen, mit denen er nach hinten (oben) blicken kann, damit er bei der Futteraufnahme (der Gattungsname bedeutet soviel wie „Jäter") auch sehen kann, was hinter ihm geschieht (*respectus* bedeutet soviel wie „zurückblicken").

Die beiden bekanntesten Kopfsteher sind *Anostomus ternetzi* (aus dem oberen und mittleren Orinoco, Franz.-Guyana und Surinam) und *A. anostomus* (aus dem Orinoco und den Guyana-Ländern), die sich sehr ähnlich sehen. Beide werden zumindest in Freiheit an die 18 Zentimeter groß. Der letztgenannte wird als „Prachtkopfsteher" gehandelt und ist tatsächlich hübscher gefärbt. Unterscheiden kann man die beiden Arten an dem mittleren Längsband, das bei *A. ternetzi* glatt ist, bei *A. anostomus* gezähnelt. Außerdem besitzt *A. anostomus* (vor allem im männlichen Geschlecht) kräftig rote Rükken- und Schwanzflossen. Daneben gibt es die weniger bekannte Art *A. brevior*, die GÉRY 1960 aus Franz.-Guyana beschrieb, wo diese „kürzeren" (Artname!), gedrungeneren *Anostomus* im Camopi und Mana leben. Gleichzeitig beschrieb er als Unterart von *Anostomus anostomus* die (räumlich getrennt) im Amazonas-Einzug in Peru (Rio Nucuray) festgestellten „gestreckteren" (Artname!) *Anostomus a. longus*.

GÉRY war es auch, der berichtete, daß sich junge *A. ternetzi*, die in Freiheit oft mitten im Fluß und in unmittelbarer Nähe von Stromschnellen anzutreffen sind, häufig mit jungen *Leporinus despaxi* vermischen, die gewissermaßen eine Komplementärzeichnung aufweisen: Ihre dunklen Streifen sind schmal, die hellen Zwischenräume breit, also genau umgekehrt wie bei den *Anostomus*. Man kann vermuten, daß sich die beiden Arten aus Gründen der Sicherheit zu Schwärmen zusammenschließen.

Wie die *Anostomus* stehen auch die kleineren *Abramites* (sie erreichen im Aquarium nur etwa 10 bis 12 Zentimeter

Anostomus anostomus ist ein besonders hübscher Kopfsteher mit roter Rücken- und Schwanzflosse.

Gesamtlänge) meist mit dem Kopf nach unten in der Strömung, weshalb man diese „Brachsensalmler", deren wissenschaftliche und populäre Bezeichnung auf die Brachsenkarpfen (Brassen) der Gattung *Abramis* anspielt, ebenfalls zu den Kopfstehern zählen kann. Von den *Anostomus* sind sie wegen ihres endständigen Maules, ihrer seitlich abgeflachten, höheren Körperform und wegen der kräftig gefärbten Bauch- und Afterflossen leicht zu unterscheiden. Bisher meines Wissens nur wissenschaftlich bekannt ist *Abramites eques* aus dem Rio Magdalena in Kolumbien.

Für die Aquaristik wird dagegen recht häufig *A. hypselonotus* eingeführt, eine Art aus dem Amazonas- und Orinoco-Bekken, von der es eine als *A. hypselonotus ternetzi* bezeichnete Unterart im Rio Paraguai gibt. *A. microcephalus* gilt als Synonym.

Alle Kopfsteher-Arten, auch die hier nur nebenbei erwähnten *Chilodus*, verdienen sicher unser Interesse. Sie gelten nämlich anderen Fischen gegenüber als absolut friedlich und können deshalb auch mit viel kleineren anderen Aquarienpfleglingen vergesellschaftet werden. Innerartliche Raufereien kommen zwar vor, führen aber selten zu Verletzungen und nehmen mit zunehmendem Platzangebot und mit steigender Zahl der gepflegten Individuen deutlich ab. Wir sollten diesen Fischen sauberes, stark bewegtes Weichwasser mit niedrigen pH-Werten (um 6) und mundgerechtes Futter bieten. Insbesondere Grindalwürmchen schätzen sie über alles. Sofern wir ihr Aquarium bepflanzen, dürfen wir nicht böse sein, wenn sie gelegentlich an frischen Trieben knabbern.

Ich habe noch keine Kopfsteher gezüchtet, wofür ich mich sicher nicht schämen muß, da man *A. hypselonotus* noch gar nicht in Gefangenschaft vermehrt hat. Auch wegen der anderen Kopfsteher muß man in der Literatur viele Jahre zurückgehen, um überhaupt etwas über ihre Fortpflanzungsbiologie zu finden. Es heißt zwar, daß *A. anostomus* im Jahre 1964 in einer Hamburger Züchterei vermehrt worden sei, doch fand ich nur spärliche Angaben über *Anostomus taeniatus* und die schon erwähnte Kopfsteher-Gattung *Chilodus*, während man von *Anostomus anostomus* bestenfalls Hinweise auf das Balzverhalten und die Geschlechtsunterschiede findet. Ausgewachsene Weibchen sind nicht nur größer als die Männchen, sondern besitzen auch kaum Rottöne in den Flossen. Außerdem ist die Bauchlinie des Weibchens viel stärker gewölbt.

Wenn man sich Chancen auf eine erfolgreiche Zucht ausrechnen will, sollte man sich an dem orientieren, was wir über die *Chilodus* wissen und schon die Alttiere in weichem Wasser

---

Rechte Seite:
Oben: *Anostomus ternetzi:* Wildfangexemplar aus dem Rio Aro, einem südlichen Orinoco-Zufluß in Venezuela.

Unten: „Brachsensalmler" *Abramites hypselonotus* (?) aus dem Einzugsgebiet des Rio Araguaia in Brasilien.

heranziehen. Erste Vermehrungsversuche kann man nach etwa einem Jahr unternehmen, doch soll es nur selten vorkommen, daß die Weibchen Laich ansetzen. Vor dem Laichen kommt es zu sehenswerten Balzspielen, zu denen auch ein seitliches Gerangel mit wellenartigen Körperbewegungen gehört, wie wir es von den *Nannostomus* kennen. Gelaicht wird wohl vorzugsweise zwischen feinfiedrigen Pflanzen. Das Zuchtwasser muß wahrscheinlich äußerst weich und recht sauer (pH um 5,5) sein, weil sonst die Eihüllen nicht stark genug aufquellen und die Jungfische sie nicht sprengen können. Sind die Bedingungen ideal, schlüpfen die Jungen bei 26 bis 27 °C nach vier bis fünf Tagen. Schwimmen sie frei, muß man feinstes Futter bieten, das sie in noch extremeren Lagen aufnehmen, als das bei ihren Eltern der Fall ist.

Ich konnte hier nur wenige und ausgesuchte Großsalmler vorstellen, neben denen es noch viele andere empfehlenswerte, aquaristisch vernachlässigte Gattungen und Arten gibt. Dabei denke ich vor allem an die Prachtsalmler *Crenuchus,* die Keulensalmler *Hemiodopsis,* die Barbensalmler *Curimata, Prochilodus* und vielleicht sogar an die räuberisch lebenden Hechtsalmler *Acestrorhynchus.* Da diese Fische aber wegen der geringen Nachfrage nicht regelmäßig eingeführt werden, wird man nach ihnen suchen und hohe Preise zahlen müssen. Doch gleich welche Salmer-Arten man schließlich pflegt, immer werden sie uns begeistern.

Skurrile Gesichter, faszinierendes Verhalten:

Unbekannte Grundeln

Welche Wunder man von der Natur erwarten kann, wird schon an den Formen deutlich, die sie hervorbringt: Da kombiniert sie Quappenköpfe, dicke Lippen und Riesenmäuler mit einer zylindrischen Torpedoform, entwickelt Flossenfüße, Saugscheiben und fetzenähnliche Flossenfahnen – und verknüpft diese sehenswerten Merkmale zu allem Überfluß mit faszinierendem Verhalten und hochspezialisierten Lebensweisen. Und dennoch: Die weltweit verbreiteten

Männchen der als *Tateurndina ocellicauda* gehandelten Pastellgrundel.

Grundeln (Gobioidei), von denen die Rede ist, spielen aquaristisch kaum eine Rolle, obwohl es wahrscheinlich mehr als 2000 Arten gibt! Da muß man sich schon fragen, warum wir Aquarianer sie mehr oder weniger übersehen oder zumindest übersehen haben.

Ein erster Grund ist wohl, daß solche Fische selten eingeführt werden, daß sie oft nicht unserer Vorstellung von einem Fisch entsprechen und daß es wegen mangelnder Hilfen in der Fachliteratur schwer ist, die Probleme abzuschätzen, die eine Aquarienhaltung mit sich bringen könnte. Ein ganz wichtiger Punkt scheint mir in diesem Zusammenhang zu sein, daß man nicht sicher weiß, ob man die angebotenen Arten in reinem Süßwasser halten kann.

Am bekanntesten ist wohl die Familie der Schläfergrundeln (Eleotrinae), die über 40 Gattungen *(Eleotris, Butis, Mogurnda, Tateurndina, Hypseleotris, Batanga...)* und hauptsächlich Süß- und Brackwasserarten umfaßt, während einige wenige auch im Meer vorkommen.

Noch größer ist die Familie der Meergrundeln (Gobiinae), deren Gattungsvertreter *(Gobius, Brachygobius, Rhinogobius, Stiphodon, Acentrogobius...)* durchaus nicht alle im Meer leben, weshalb die deutsche Bezeichnung irreführend ist. Ja, es gibt auch unter ihnen reine Süßwasserfische oder zumindest Arten, die man in nicht zu mineralarmem Wasser auf Dauer pflegen kann.

Bei den meisten Meergrundeln sind die Bauchflossen zu einer Art ›Fuß‹ verwachsen, der wie eine Saugscheibe wirkt und auf den sich die Tiere nicht nur gern aufstützen, sondern mit dessen Hilfe sie sich auch an glatten Flächen anzuheften vermögen. Es gibt jedoch auch Meergrundeln mit getrennten Bauchflossen. In umgekehrter Weise sind bei den Schläfergrundeln verwachsene Bauchflossen die Ausnahme.

Die Identifizierung der Grundeln ist selbst mit Hilfe der wissenschaftlichen Literatur ein äußerst schwieriges Kapitel, weshalb ich in vielen Fällen Herrn HORSTHEMKE, den wohl besten deutschen Grundelkenner, um Hilfe gebeten habe. Ohne seine Unterstützung hätte ich die hier vorgestellten Arten kaum benennen können, so daß ich ihm herzlich danke. Gleichzeitig möchte ich seine im Literaturverzeichnis genannten Veröffentlichungen allen (zukünftigen) Grundelfreunden empfehlen.

Schläfergrundeln wirken meist träge. Sie bewegen sich bedächtig und langsam, verharren oft längere Zeit an ein und derselben Stelle, um gelegentlich loszuschnellen und dann wieder ruckartig zu halten. Im freien Wasser sieht man sie kaum. Eine Art, für die das weniger gilt, ist die „Pastellgrundel“, die man für *Tateurndina ocellicauda* hält. Für sie stellte JOHN T. NICHOLS im Jahre 1955 eine eigene Gattung auf, die er zu Ehren der Wissenschaftler GEOFFREY und GEORGE TATE benannte. Den Artnamen der von H. M. VAN DEUSEN im Peria Creek (einem Zulauf zum Kwagira River in Neuguinea) entdeckten Fische bezog er auf den schwarzen Fleck auf

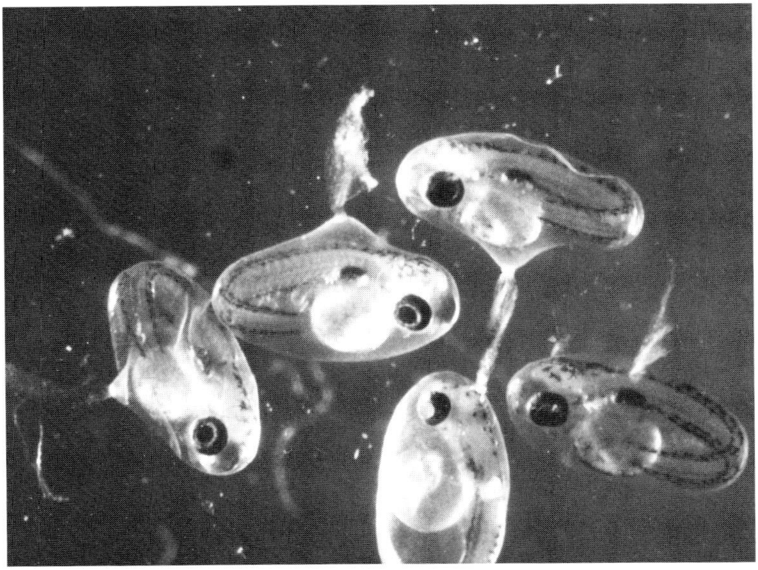

△ Die transparenten Eier der Pastellgrundel während der Entwicklung.

Jungfische der Pastellgrundel, in einem Wassertropfen fotografiert ▽.

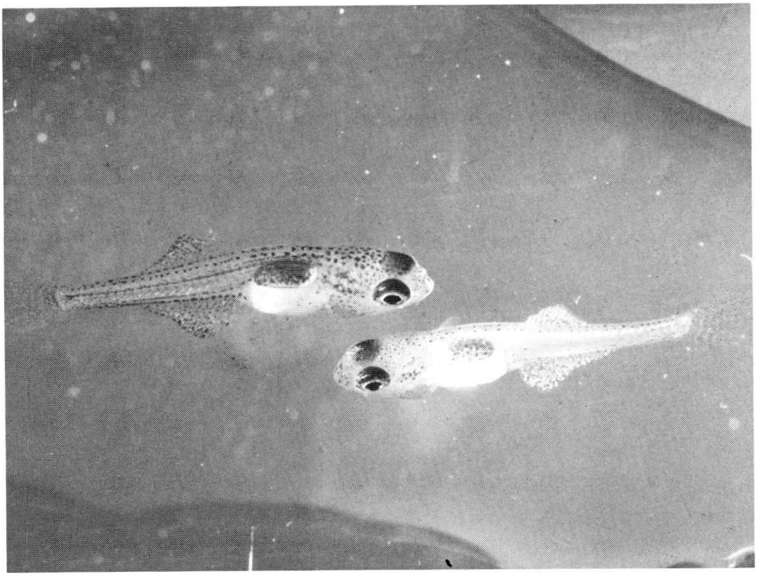

der Schwanzwurzel. Es sind jedoch Zweifel angebracht, ob die Pastellgrundel tatsächlich *T. ocellicauda* ist: Sowohl HEIKO BLEHER als auch der Australier CROCKFORD fanden die Art nämlich nur im Safia-Tal, nachdem sie andernorts vergeblich gesucht hatten. Außerdem sprechen mehrere Beschreibungsmerkmale (Form der Rückenflosse und der Schwanzflosse; Bezahnung; Zeichnungsmuster und Färbung) dafür, daß die Pastellgrundel und *Tateurndina ocellicauda* nicht identisch sind. Da die Grundel jedoch in der gesamten aquaristischen Literatur unter dieser Bezeichnung vorgestellt wird und kein anderer Name verfügbar ist, will ich es auch hier dabei belassen.

Pastellgrundeln kann man schon in kleinen Aquarien (ab 40 Liter Fassungsvermögen) pflegen und auch züchten. Voraussetzung ist lediglich – und das gilt auch für die Pflege der später vorgestellten Arten –, daß sich die territorialen Männchen aus dem Weg gehen können. In jedem Fall sollte das Aquarium versteckreich eingerichtet und zumindest stellenweise dicht bepflanzt sein. Die Tiere fressen die Pflanzen nicht an, stiften keinerlei Unordnung und verhalten sich anderen Aquarienmitbewohnern gegenüber ausgesprochen friedlich. Mit Rücksicht auf die Grundelzwerge sollte man aber ruhige (nicht zu hektische) und kleine Beifische auswählen.

Auch wenn die Pastellgrundeln nicht gerne Flockenfutter fressen, macht ihre Ernährung keine Schwierigkeiten. Mit großem Eifer jagen sie nach Wasserflöhen und Hüpferlingen, während Grindal-Würmchen und *Tubifex* als wahre Leckerbissen gelten. Mundgerechtes Frostfutter wird aber ebenfalls akzeptiert. – Die Frage nach dem idealen Wasser ist schwer zu beantworten, was an den widersprüchlichen Angaben liegt, die man bei BLEHER (1 bis 2 °GH ; Leitfähigkeit 75 µS; pH 6,8; 27 bis 29 °C) und CROCKFORD (Härte von 80 parts per million; pH 7,6; 22 °C) findet. RICHTER züchtete die Art bei 25 °C, pH 7 und 21, 10 und 12 °dGH und hatte im weichsten Wasser die besten Zuchtergebnisse. Ich selbst verwendete ebenfalls neutrales, 27 °C warmes Wasser, wie es bei mir mit 7 bis 8 °dGH (6° KH) aus der Leitung kam, und war mit den Zuchterfolgen durchaus zufrieden.

Die Geschlechter sind leicht zu unterscheiden. Als Färbungsmerkmale sind bei den Männchen die Blauanteile in der

Rücken- und Afterflosse, bei den Weibchen der gelbe Bauch zu nennen. Außerdem fressen sich erwachsene Weibchen ein kugeliges Bäuchlein an, das nicht zu übersehen ist.

Geschlechtsreife Männchen besetzen ein Territorium, aus dem sie arteigene Männchen vertreiben, während sie andere Fische und Weibchen mehr oder weniger dulden. Zu einer regelrechten Paarbindung kommt es bei diesen Tieren nicht. Die Männchen werben flossenspreizend um die Weibchen, die sich vorsichtig nähern und fast regungslos verharren, bevor beide Tiere gemeinsam den Laichplatz aufsuchen. Dort stehen sie oft lange Zeit regungslos beieinander, bis sie eine (meist versteckte) waagerechte oder senkrechte Fläche zu putzen beginnen.

Das Laichen selbst vollzieht sich nach Art der offenbrütenden Cichliden. Ein kräftiges Weibchen kann um 200 Eier absetzen, meist sind es aber nur etwa 60 Stück. Sie sind weißlich bis bräunlich transparent und haften mit einem kurzen ›Stiel‹ an der Unterlage. Bemerkenswert scheint mir, daß sich dieser ›Stiel‹ in der Mitte an der Längsseite des Laichkorns befindet, daß die Eier also nicht mit einem ›Pol‹ haften.

Wie bei vielen Grundeln kümmert sich der Vater um die Brut. Er befächelt und bewacht die Eier und drückt sich regelrecht in das Gelege hinein. Das Weibchen versucht dagegen immer wieder, sich unbemerkt heranzupirschen, um vom eigenen ›Kaviar‹ zu naschen, woraufhin es vom Männchen wütend verscheucht wird.

Die Jungfische sprengen die Eihüllen erst, wenn sie nahezu voll entwickelt sind. Bei mir schlüpften die ersten Jungfische schon am vierten Tag, doch schwammen erst am siebenten Tag alle Kleinen frei. Vorübergehend lagen sie regungslos am Boden und hüpften nur gelegentlich auf. Sobald die etwa vier Millimeter langen Jungen schwimmen, bewältigen sie – man höre und staune – frisch geschlüpfte *Artemia*-Nauplien oder Mikro-Würmchen, so daß ihre Aufzucht wirklich leicht gelingt. Schon nach drei Wochen erkennt man die typische Flossenform und die ersten goldenen Pigmente. Im Alter von drei Monaten sind die Junggrundeln dann bereits voll ausgefärbt.

Eine zweite Schläfergrundel, deren Verhalten mehr als beobachtenswert ist, möchte ich unter Vorbehalt als *Eleotris butis* bezeichnen. Es handelt sich um eine räuberisch lebende Art indo-australischer Herkunft, die man am besten in hartem Süßwasser oder in Brackwasser pflegt. Wer sein Wasser entsprechend aufbereiten will, sollte ihm auf je 10 Liter 50 bis 100 Gramm (oder wenigstens ein bis zwei Teelöffel) Meersalz zusetzen. Außerdem brauchen diese bis zu 14 Zentimeter messenden Fische mehr Platz als die Pastellgrundeln: Ein Aquarium von 60 bis 80 Zentimeter Kantenlänge reicht aber für ihre Pflege aus.
Es ist sehenswert, wie sich diese Grundel bewegt. Auf den ersten Blick hat man den Eindruck, es mit einem sterbenden Fisch zu tun zu haben, der müde und ungeschickt unter krampfhaften Zuckungen durch das Wasser taumelt. Tatsächlich aber manövriert das Tier mit dem Kopf nach oben, dann wieder nach unten, quicklebendig einher, wobei es den silbrigen Bauch stets einem Substrat zukehrt, also etwa einer Steinfläche, einem großen Blatt, den Aquarienscheiben oder gar der Wasseroberfläche. So sieht man nur die dunklen, tarngefärbten Rücken- und Seitenpartien, deren Helligkeit der Fisch dem jeweiligen Untergrund anpassen kann. Geschickt nutzt der torpedoförmige kleine Räuber mit dem großen flachen Kopf jede Wasserströmung aus und propellert mit seinen farblosen Flossen flink von Versteck zu Versteck. Dabei nimmt er jede erdenkliche Schwimmlage ein, wobei die Rückenlage besonders häufig, die normale Schwimmhaltung dagegen besonders selten zu beobachten ist.
Bei der Fütterung entpuppt sich diese „Spitzkopf-" oder „Raubgrundel" als regelrechtes Großmaul. Flocken- und Frostfutter verschlingt sie gleichermaßen gierig, während sie Wurmfutter konsequent ablehnt. Dagegen scheinen kleinere Fische von ungefähr zwei Zentimetern Länge eine ideale Beute zu sein. Sie werden allerdings nicht im eigentlichen Sinne erjagt, sondern unvermittelt geschnappt, wenn sie dem wie ein Stückchen Holz oder ein aufgerolltes, totes Blatt wirkenden Räuber zu nahe kommen.

Vollkommen harmlos sind dagegen meine „Drachengrundeln", wie ich sie getauft habe, die zu den Meergrundeln gehören und mit großer Wahrscheinlichkeit als *Oligolepis*

In dieser normalen Schwimmhaltung ist die Raubgrundel nur selten zu beobachten.

acutipennis richtig identifiziert sind. Die Art ist eher dezent gefärbt und gezeichnet, besitzt aber andere reizvolle Merkmale. Ich nenne hier nur den breiten und stumpfen Kopf mit dem fratzenhaften Gesicht und den hoch sitzenden, seltsam schimmernden Augen, aber auch die lang ausgezogenen Fetzenflossen, auf die der Artname (mit spitzen Flossen) anspielt. Die verwachsenen Bauchflossen bilden einen hohen Fuß, auf den sich die bizarren, bis 14 Zentimeter langen Fische (die Weibchen bleiben etwas kleiner) gern aufstützen.

Das Verbreitungsgebiet dieser bereits vielen anderen Gattungen zugeordneten Meergrundel erstreckt sich von Singapur, Sumatra, Nias, Java, Madura, Bali und Sri Lanka bis zur indischen Küste, umfaßt die Riukiuinseln, die Philippinen und die Neuen Hebriden. Es sind eigentlich Brackwasserfische, die in den Niederungen in Tümpeln leben, deren Wasserstand die Gezeiten beeinflussen. In den Flüssen findet man sie vor allem im Mischwasser der schlammigen Mündungen, doch wandern sie gelegentlich auch in reines Süßwasser hinauf.

Im Aquarium schätzen sie hartes Wasser und beziehen gern enge Unterstände, aus denen sie zur Futtersuche regelrecht ›hervorhüpfen‹. In leichtem Bogen schnellen sie vor, um dann mit dem Vorderkörper zuerst den Boden zu erreichen. Dabei wird das Eigengewicht mit dem Flossenfuß abgefangen. Anschließend senkt sich der Schwanz zu Boden, der ihnen sowieso mehr oder weniger nachschleift. Ihr Futter nehmen sie fast ausnahmslos vom Boden auf, wobei sie sich nicht zu schade sind, feinere Partikel aufzusuchen. Größere Brocken scheinen sie trotz ihres großen Maules nicht zerkleinern zu können. Ich habe sie denn auch als völlig harmlos kennengelernt. Nicht einmal frisch geborene Jungfische von Lebendgebärenden Zahnkarpfen wurden von ihnen gefressen, und auch untereinander sind sie überhaupt nicht zänkisch. Sie imponieren zwar voreinander und drohen ihre Artgenossen auch mit geblähten Kiemenhäuten an, zum Kampf kommt es jedoch so gut wie nie. Dies gilt auch dann, wenn man die Fische in einem kleineren Aquarium (ab etwa 60 Zentimeter Kantenlänge) pflegt.

Die Geschlechter sind an den kürzeren Flossen und an der plumperen Form der Weibchen zu erkennen, doch kann man die Fische wohl kaum in reinem Süßwasser zum Laichen veranlassen, geschweige denn, darin die Jungfische aufziehen. Hinzu kommt, daß die Art wahrscheinlich nur im Februar laicht und in Freiheit gestreckte, horizontale Tunnel in Schlammböden anlegt, wo es viele organische Abfälle gibt. Die von je einem Paar bewohnten Höhlen sind immer eng und haben zwei Ausgänge, die meist von größeren verrottenden Blättern abgedeckt und damit getarnt sind. *O. acutipennis* nutzt damit ein Sicherheitsverfahren, dessen sich auch andere Flachwasserbewohner bedienen: Wenn an einem Höhlenausgang Gefahr droht, fliehen die Tiere durch den anderen und verursachen mit ihren Flossen eine Schlammwolke, die das verfolgte Tier und seinen Bau kurzzeitig unsichtbar macht und somit schützt.

Männchen der „Drachengrundel“ *Oligolepis acutipennis.*

Eine ganz ähnliche Körperform besitzt eine als *Euctenogobius strigatus* identifizierte Art, die aus Südamerika stammen soll und wegen ihrer hübschen Rückenflossenzeichnung populär als „Schmetterlingsgrundel“ bezeichnet werden könnte. Es handelt sich um Meergrundeln aus der Unterfamilie Gobionellinae und damit um Fische eines Formenkreises, zu dem auch die *Oligolepis* und die „Großmaulgrundeln“ der Gattung *Calamiana* gehören, die ich ebenfalls gepflegt habe, und die damals sogar bei mir laichten. Sie alle sind euryhaline Fische, also solche, die in Gewässern mit sehr unterschiedlichem Salzgehalt leben können. Sie kommen in Flußmündungen und küstennahem Flachwasser vor und sind ohne Salzzusatz auf Dauer wohl nicht am Leben zu erhalten, auch wenn sie in der

Natur zumindest vorübergehend in reines Süßwasser einwandern.
Die Schmetterlingsgrundel wird etwa 13 Zentimeter lang und erinnert von der Form her stark an die oben genannten Arten. Die Bodenbewohner, deren zu einer Scheibe verwachsene Bauchflossen keine besondere Funktion als ›Fuß‹ oder ›Saugorgan‹ zu haben scheinen, buddeln sich gerne ein. Dies geschieht vor allem dann, wenn sie sich bedroht oder nicht sicher fühlen. In Freiheit, wo sie über sandigem oder schlammigem Grund leben, dürfte dies eine einfache und vielleicht sogar die einzige Möglichkeit sein, sich zu verstecken. Im Aquarium kann es aber zu Verletzungen kommen, wenn sich die Tiere in den Bodengrund zwängen. Jedenfalls sollte man deshalb nur feinkörniges Material ohne scharfe Kanten verwenden.
Wie die meisten Grundeln sind auch diese Fische sogenannte ›Bauchrutscher‹ mit verkümmerter Schwimmblase, verlassen nur selten den Boden und tun das eigentlich nur, wenn ihnen von oben ein besonders leckerer Bissen entgegentaumelt. Sie schätzen vor allem tiefgefrorene Mückenlarven, nehmen aber auch gerne Flocken- und Teichfutter (lebende Wasserflöhe und Hüpferlinge). An großen Brocken wie Rinderherz ›mümmeln‹ sie ebenfalls herum, doch kann ich nicht sicher sagen, wieviel davon tatsächlich gefressen wird. Räuber sind sie aber trotz ihres überdimensionalen Maules nicht.
Das von dicken, fleischigen Lippen umschlossene Riesenmaul hat seine Funktion offensichtlich beim Rivalisieren. Man kann die Männchen beobachten, wie sie das Maul sperrangelweit aufreißen, so daß Ober- und Unterkiefer gewissermaßen eine senkrechte Linie bilden, um dann frontal aufeinander loszugehen. Mit aller Vehemenz, die geöffneten Mäuler gegeneinander gedrückt, versuchen sie dann, sich gegenseitig wegzuschieben... Ich habe immer wieder versucht, dieses außergewöhnliche Schauspiel zu fotografieren, doch ist es mir wegen der großen Scheu der Fische leider nie gelungen.
Dem Pfleger (oder ihrer Umgebung) scheinen sie nicht leicht zu trauen. Zwar verbuddeln sich eingewöhnte Tiere nur noch bei ›höchster Gefahr‹, doch wenn Bewegung vor dem Aquarium ist, verschwinden sie blitzschnell in ihrer Lieblingshöhle, die sie sich zwischen Steinaufbauten gesucht haben und aus

Hinter diesem Riesenmaul verbirgt sich ein harmloser Fisch: Wahrscheinlich handelt es sich um *Euctenogobius strigatus*.

der sie dann neugierig hervorlugen. Völlig ohne Deckung bekommt man sie nur selten zu Gesicht.

Viel zutraulicher sind dagegen die als „Leuchtgobius" oder „Neongrundeln" bezeichneten Meergrundeln, die als *Stiphodon elegans* gehandelt werden. Die kleinen, höchstens sechs Zentimeter langen Fische besitzen einen fast kreisrunden Körperquerschnitt und sind äußerst gestreckt gebaut. Ihre Schwimmweise kann man als „hüpfend" bezeichnen. Da sie sich in ihrem natürlichen Lebensraum wegen der Strömung sowieso kaum im freien Wasser tummeln können, ist ihre Schwimmblase zurückgebildet, so daß sie sofort absinken, wenn sie das Flossenschwimmen einstellen. In Anpassung an das Fließwasser sind auch ihre Flossen besonders entwickelt. Die niedrigen, aber langen Rücken- und Afterflossen stabilisieren den Körper wie einen Pfeil, die kräftigen Brustflossen sind schaufelförmig und die großflächige Schwanzflosse sitzt an einem langen Schwanzstiel, der eine optimale Kraftübertragung möglich macht und die Fische geradezu nach vorn peitscht. Deshalb sind die *Stiphodon*, so widersprüchlich das klingen mag, gerade wegen ihrer eingeschränkten Schwimmfähigkeit besonders flinke, ja ›spritzige‹ Gesellen.

Gelegentlich ruhen auch sie auf einem erhöhten Plätzchen aus. Dabei ›sitzen‹ sie nicht nur, sondern heften sich regelrecht mit den zu einem Saugorgan verwachsenen, völlig farblosen Bauchflossen an. Im Aquarium hängen sie nicht selten an einer senkrechten Scheibe, während sie in Freiheit auf glatten Steinen der Strömung trotzen.

Was die Identitätsfrage angeht, so will ich sie hier schon aus Platzgründen nicht diskutieren und nur darauf hinweisen, daß es schon deshalb Schwierigkeiten mit der Artbestimmung gegeben hat und gibt, weil Männchen und Weibchen deutlich unterschiedlich gefärbt sind. Die Weibchen (und auch Jungtiere) sind gelb und braun gestreift, erwachsene Männchen begeistern wegen eines blaugrünen Leuchtstreifens, der vom Kopf bis zur Schwanzwurzel reicht. Wie man in den im Literaturverzeichnis aufgeführten Berichten nachlesen kann, hat dies dazu geführt, daß man Männchen und Weibchen für zwei unterschiedliche Arten hielt. Sicher ist, daß Frau KORTHAUS diese interessanten Fische auf Sumatra aufspürte, höchstwahrscheinlich reicht deren indo-australische Verbreitung aber sehr viel weiter.

Wie fast alle Grundeln lohnt auch der Leuchtgobius eine nähere Betrachtung: Mir fiel vor allem das seltsam geformte Maul auf, über das die ›Nase‹ des stumpfen Kopfes weit hinausragt. Die Maulspalte ist stark nach unten abgewinkelt, der Unterkiefer äußerst flach. Die Form der beiden Kiefer entspricht einem weitgehend gleichmäßig gerundeten Halbkreis. Nach Untersuchungen von MEINKEN befindet sich im Oberkiefer ein geschlossener Bogen feiner Zähne, aus deren Mitte zwei einzelne Zähne von etwa vierfacher Länge ragen! Im Unterkiefer findet man ebenfalls viele kleine und sechs

Männchen der „Neongrundel“ *Stiphodon elegans* in der Bewegung.

Riesenzähne, deren Funktion leider nicht geklärt ist. Natürlich spricht ein derart auffälliges Gebiß für eine Spezialisierung bei der Nahrungsaufnahme. Bis jetzt wissen wir aber nur, daß diese Grundeln kurze Algen abweiden, wobei sie den Kopf mit der ›Nase‹ gegen das Substrat pressen, ganz wie man das von den Schabemundbarschen der Gattung *Labeotropheus* aus dem Malawisee kennt. Im Nacken wird der Kopf abgewinkelt, während die Kiefer in schnellen Minimalbewegungen über das Substrat geführt werden. Dabei werden wohl nicht nur Algen abgeraspelt, sondern auch die in diesen Algenbelägen angesiedelten Kleinlebewesen gefressen.

Da diese munteren Flitzer aus Fließgewässern stammen, kann man sie ohne Bedenken in Süßwasser pflegen. Eine leistungs-

starke Pumpe sollte allerdings für eine ausreichende Wasserbewegung sorgen. Mit etwas Glück laichen die Tiere sogar in einer engen Höhle ab. Eine reelle Chance, Jungfische aufzuziehen, besteht wegen des niedrigen Entwicklungsstadiums und der Winzigkeit der Larven aber nicht.
Und damit sind wir bei einem wichtigen Punkt, über den man informiert sein sollte, wenn man Grundeln pflegt. Es gibt nämlich Arten, die zahllose, aber winzig kleine Eier laichen, während es andere gibt, deren Eier ausgesprochen groß sind. Diese beiden Gruppen haben einen gewissermaßen entgegengesetzten Weg eingeschlagen, um den Erhalt ihrer Art zu sichern. Für die einen kommt es auf die „Qualität“ der Eier an: Je größer und dotterreicher sie sind, um so besser sind die Voraussetzungen für den Embryo, sich bis zum Sprengen der Eihülle so weit entwickeln zu können, daß der Jungfisch unter den am Brutplatz herrschenden Bedingungen eine reelle Überlebenschance hat. So kommt es im Fließwasserbiotop darauf an, daß die Junggrundeln entsprechend kräftig sind und von Anfang an bodengebunden leben können, um nicht weggespült zu werden. Solche Junggrundeln kann man in der Regel recht problemlos auch im Aquarium aufziehen.
Für andere Grundeln ist dagegen die „Quantität“ der Eier entscheidend. Sie laichen zahllose, aber so winzige Eier, daß ihre Embryonen die Eihüllen derart früh verlassen müssen, daß sie als unvollkommen entwickelte Larven darauf angewiesen sind, eine sogenannte planktonische Lebensphase durchzumachen („planktonisch“ bezieht sich auf die Ernährung durch Plankton, winzige Schwebewesen). Stammen die Alttiere aus Fließgewässern, verfrachtet sie die Strömung ins Meer. Stammen sie aus Seen, verbreiten sie sich im Freiwasser. In jedem Fall ernähren sie sich von feinstem Plankton, bis sie die Gestalt ihrer Eltern angenommen haben und – falls es sich um Fließwasserbewohner handelt – wieder flußaufwärts wandern können. In diesem Zusammenhang ist verständlich, daß dieser Grundeltyp nur in Gewässerbereichen lebt, die entweder nicht weit vom Meer entfernt sind (weil sonst der Larventransport nicht möglich wäre), oder wo Seen und Teiche in die Flußläufe eingeschaltet sind.
Die Neongrundel und die schon kurz erwähnten *Calamiana* gehören leider zu den Arten, deren Larven eine planktonische

△ Die Weibchen von *Stiphodon elegans* sind an ihrem Streifenkleid leicht zu erkennen.

Männchen der „Großmaulgrundel“ *Calamiana* spec. ▽

Phase durchmachen müssen, während etwa *Rhinogobius wui* große Eier laicht und ohne Schwierigkeiten vermehrt werden kann. Die asiatische Art, deren Gattungsname an ein Schnupfenmittel erinnert und übersetzt soviel wie „Nasengrundel" bedeutet (wobei nach SCHMETTKAMP wohl weniger die Nase, als vielmehr die dicke Oberlippe gemeint ist), wird nur etwa viereinhalb Zentimeter lang und kann schon in kleinen Aquarien ab 50 Zentimeter Kantenlänge gepflegt werden. Am besten hält man eine größere Anzahl Tiere miteinander. Wasserbewegung, viele Versteckplätze und sandiger Bodengrund sind die bescheidenen Ansprüche, die sie stellen. Die munteren Fischchen sind Süßwasserbewohner, die vorübergehend auch kühle Temperaturen vertragen. Ihr ganzes Temperament zeigen sie aber erst, wenn das Thermometer auf mindestens 25 °C ansteigt. Dann präsentieren sich vor allem die Männchen in den kräftigsten Farben, balzen vor den bescheiden gefärbten Weibchen und imponieren voreinander, wobei sie alle Register eines weit gefächerten Ausdrucksverhaltens ziehen. Es ist schon amüsant, dem ›Zwergenaufstand‹ zuzusehen, wenn sie Seite an Seite rangeln, die Flossen aufstellen, mit dem Schwanz schlagen und sich dann blitzschnell umschwimmen, bis das Spiel in einer wilden Verfolgungsjagd endet. Der Höhepunkt solchen Imponierens und der Balz ist aber ohne Zweifel immer dann erreicht, wenn die Männchen den Kopf in den Nacken werfen und ihre häutigen, rot gestreiften himmelblauen Mundböden vorstülpen, wodurch sich ihr Kopfumfang verdoppelt.

Wegen eines weißen Gesichtsstreifens, der bogenförmig unter dem Auge her bis hinter die Kiemen verläuft, wird *Rhinogobius wui* auch als „Weißwangen-Grundel" bezeichnet. Die Art laicht in engen, von den Männchen gegrabenen Höhlen, die mehrere Ausgänge besitzen. Die großen, bis zu einem Durchmesser von 3,5 Millimetern aufquellenden Eier werden an die Höhlendecke geheftet. Nach dem Laichen verjagt das Männchen das Weibchen und übernimmt die Brutpflege.

Rechte Seite:

Oben: Männchen von *Rhinogobius wui* beim Blähen der Kiemenhäute.

Unten: Männchen von *„Rhinogobius brunneus"*.

Damit ist es so beschäftigt, daß es kaum oder gar nicht frißt – und das 15 bis 17 Tage lang. So lange dauert es nämlich, bis die Jungfische schlüpfen, woraufhin der Brutpflegetrieb des Männchens sofort erlischt. Wie bei den *Tateurndina* zieht sich das Schlüpfen über einen Zeitraum von etwa 48 Stunden hin.

Danach zehren die etwa acht Millimeter langen Jungen noch etwa zwei Tage von ihrem Dottersack, bewältigen dann aber sofort *Artemia*-Nauplien, Mikro-Würmchen und gesiebtes Tümpelfutter. Schon nach zwei Wochen können sie um zwei Zentimeter messen.

Eine weitere farblich sehr hübsche Grundelart sieht offenbar ganz so aus wie *Rhinogobius brunneus,* ein in ganz Ostasien in Flüssen und Seen verbreiteter Fisch, für den *Ctenogobius similis* ein Synonym ist. Diese Grundel gehört in einen Artenkomplex, deren Vertreter man an bestimmten morphologischen Ähnlichkeiten (vor allem an der kurzen und kräftigen Bauchflossenscheibe) erkennt, und die alle reine Süßwasserfische sind. Auch hier spielt der Gattungsname auf die dicken Lippen an, die besonders auf Porträtfotos gut zur Geltung kommen.

Der Artname könnte soviel wie „röhrenförmig" (womit auf den Körperbau dieser Bodenfische angespielt wird), aber auch „braun" bedeuten. Von dieser Art soll es verschiedene „Typen" geben, die sich in unterschiedlicher Weise an ihren Lebensbereich angepaßt haben und im Aussehen (vor allem der Färbung) und der Endgröße (7 bis über 11 Zentimeter Gesamtlänge) voneinander abweichen. Wichtig ist dabei, daß zumindest ein Typ, der sogenannte „medium egg type", größere Eier laicht als die übrigen, was eine Embryonalentwicklung und einen „Werdegang" der Jungfische wie bei *R. wui* zur Folge hat.

Ich war bisher immer davon ausgegangen, daß man Fische, die sich hinsichtlich der ökologischen Ansprüche und ihrer Embryonalentwicklung deutlich unterscheiden, auch dann nicht als Angehörige ein und derselben Art betrachten kann, wenn es kaum körperbauliche Merkmale gibt, die sie trennen. (Ob sie in einer separaten Gattung geführt werden können, ist eine andere Frage.) Deshalb will ich hier auch von *„Rhinogobius brunneus"* (in Anführungsstrichen) sprechen.

△ Weibchen von *„Rhinogobius brunneus"*. Man beachte im Vergleich zum Männchen die andersartige Kopfform.

Ein Bild zum Schmunzeln: Porträt von *„Rhinogobius brunneus"*. ▽

Nach Angaben von Herrn HORSTHEMKE, der die Art ebenfalls pflegte, sollen meine *„Rhinogobius brunneus"* eine geringe Zahl großer Eier (von etwa 3,3 × 1,6 Millimeter Durchmesser) laichen. Leider konnte ich selbst keine entsprechenden Beobachtungen machen. Zwar laichten die Fische auch bei mir, jedoch so versteckt, daß ich die Größe der Eier nicht feststellen konnte. Da sie später verschwanden, also wohl gefressen wurden, weiß ich auch nichts über die Entwicklung der Jungfische. Vielleicht sollte ich anmerken, daß ich meine Grundeln ständig ›warm‹ (bei etwa 26 °C) hielt und daß sie später meines Wissens nicht mehr laichten. Womöglich hätte ich sie vorübergehend kühl ›überwintern‹ lassen müssen.

Meine *„Rhinogobius brunneus"* entpuppten sich als äußerst zutrauliche Fische, die entweder am Boden lagen oder sich an irgendwelche glatte Flächen (einschließlich der Scheiben) anhefteten. Dabei wirken ihre zu einer nahezu runden Scheibe verwachsenen Bauchflossen mal als „Fuß", mal als „Saugnapf". Im Unterschied zu anderen Grundeln ist dieser an seinem Hinterrand nicht mit dem Bauch verwachsene „Trichter" weniger hoch, dafür aber besonders kräftig ausgebildet, was ein besonders gutes Haftvermögen garantiert und deshalb für eine Anpassung an den Aufenthalt in stark bewegtem Wasser spricht. Wir haben es also in der Tat mit Grundeln aus Fließgewässern zu tun.

Es gibt kaum einen Besucher, der meine *Rhinogobius* übersieht. Dies hängt sicher auch mit ihrer Größe (etwa fünf bis sieben Zentimeter Gesamtlänge) und ihrer auffälligen Färbung zusammen, die man allerdings kaum beschreiben kann, da sie häufig wechselt. Mal sehen die Fische einfarbig dunkel, mal gebändert, mal mehr oder weniger marmoriert aus. Dabei signalisieren Hell-Dunkel-Kontraste immer Erregung und Aggression, leuchtende Farben Wohlbefinden.

Einen besonderen Hinweis verdient die Unterscheidung der Geschlechter, die ab etwa 4,5 Zentimeter Gesamtlänge möglich ist: Bei dieser Größe deutet sich nämlich an, daß die Männchen eine andere Kopfform entwickeln. Der Schädel wirkt flacher und breiter als bei den Weibchen, die Schnauze scheint weiter vorgezogen. Außerdem sind die Männchen schlanker und besitzen eine spitz auslaufende, höher ausgezogene erste Rückenflosse.

Die Pflege dieser Fische bereitet keine Schwierigkeiten, wenn das Wasser nur nicht zu weich ist (ab 7 °dGH) und keine saure Reaktion zeigt (pH möglichst über 7,5). Gierig fressen sie jedes gängige Fischfutter, wobei sie Lebend- und Frostfutter natürlich besonders schätzen. Pflanzen lassen sie in Ruhe und kümmern sich auch nicht um andere Fische, es sei denn, daß sie mit Artgenossen rangeln. In erster Linie imponieren oder kämpfen die Männchen, doch gehen solche Auseinandersetzungen um die Rangordnung, eine besonders enge Höhle oder einen attraktiven, erhöhten ›Freisitz‹ immer unblutig aus. So kann man ohne Sorge zusehen und sich am Ausdrucksverhalten der Fische erfreuen: Da wird der Kopf herausfordernd in den Nacken geworfen, das Maul aufgerissen, die Kiemenhäute werden gebläht. Bei bis zum Zerreißen gespannten Flossen krümmen sich die Körper, schlagen die Fische mit dem Schwanzbereich seitlich auf den Gegner ein. Drohend rütteln sie mit angehobenem Schwanzstiel und rutschen im Zeitlupentempo lauernd umeinander, um dann blitzschnell hakenschlagend zur Seite auszubrechen und einen seitlichen Rammstoß zu wagen...

Gefürchtete Schlingel:

Schmerlenwelse

Auf einem Savannenplateau in Zentralbrasilien, während der ersten Wochen der Trockenzeit: Ich schnorchele in einem Klarwasserfluß des Araguaia-Systems, und als ich den Sandboden genauer in Augenschein nehme, entdecke ich dort zahllose, glasig-durchsichtige Schmerlenwelse, die bestenfalls vier Zentimeter lang sind und die sich wie kleine Aale blitzschnell vorwärtsschlängeln. Unscheinbar-transparent sehen sie aus, und auf den Seiten ihres kurzen, breiten Kopfes wirken die großen Augen wie eine Brille...

Wissenschaftlich nennt man sie heute *Trichomycteridae* (früher *Pygidiidae*), im deutschen Sprachgebrauch spricht man von Schmerlenwelsen. Die Populärbezeichnung spielt bereits auf ihre Form an: Ihr gestreckter, wurm- oder aalförmiger Körper erinnert an die asiatischen Dornaugen. Die mindestens 150 Arten sind in etwa zehn Gattungen untergebracht. Als wichtigste Merkmale dieser südamerikanischen Welsfamilie sind eine besonders weit hinten sitzende Rückenflosse, eine fehlende Adipose (Fettflosse), Stacheln oder Dornen an den (Zwischen-)Kiemendeckeln und wenigstens je ein Paar Barteln an den Mundwinkeln zu nennen, während der eigentliche Kopf unbebartelt ist. Nimmt man die Tiere aus dem Wasser, sondern sie glitschigen Schleim ab, so daß sie sich besonders schlüpfrig und glatt anfühlen.

Schmerlenwelse sind im gesamten Südamerika weit verbreitet und kommen sogar bis über den 47. Breitengrad hinaus vor, also weiter südlich als andere tropische Fische. In ihrer Heimat, wo man sie (in Brasilien) „candirú", „vandelli" oder (in Ostperu) „canero" nennt, besiedeln sie in erster Linie Bergflüsse, während sie im Tiefland seltener anzutreffen sind. In den Anden sind sie bis hinauf in den Titicacasee zu finden. Sie führen ein verstecktes Leben unter Holz und Steinen, wühlen sich aber auch in den Boden ein. Daß sie dem reißendsten Fließwasser trotzen, zeigt schon allein die nahezu unglaubliche Tatsache, daß sie sich gar an senkrechten Flächen im Sturzwasser von Wasserfällen aufhalten und an ihnen emporklettern können. „Klettern" ist dabei der richtige Ausdruck, weil sie sich mit ihren Kiemendornen festhaken und dann den geschmeidigen Wurmkörper nachziehen.

Schmerlenwelse sind eher berüchtigt als berühmt. Das liegt daran, daß einige (ganz kleine) Arten wohl über die Tendenz, sich in enge Verstecke hineinzuwinden, zu einer parasitischen Lebensweise gefunden haben. Sie dringen vorübergehend in die Kiemenhöhlen und wohl auch in andere Körperöffnungen

---

Rechte Seite:
Oben: Ein weiterer Schmerlenwels der Gattung *Trichomycterus* aus dem westlichen Ekuador – wahrscheinlich *T. taenia.*

Unten: Ein „Candirú" aus Venezuela. Dieser Schmerlenwels mit „Schröpfmaul" ließ sich nicht genauer bestimmen.

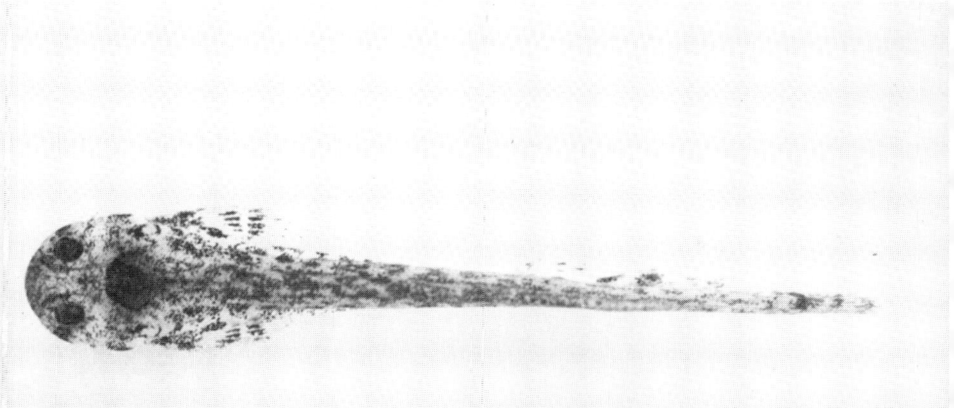

großer Fische ein, wo sie die Haut einritzen und Blut saugen. (Bei Arten, die dies nur gelegentlich tun und sich in der Regel anders ernähren, spricht man von „Halb- oder Gelegenheitsparasiten“.) Aus diesem Grund glaubten die Eingeborenen gar, daß die großen Welse der Gattung *Pseudoplatystoma* Maulbrüter seien. Erst Mitte des 19. Jahrhunderts stellte sich heraus, daß die angeblichen Jungtiere schmarotzende Schmerlenwelse waren.

Damit ist aber die Angst oder Skepsis, die man den Wurmwelsen entgegenbringt, noch nicht hinreichend erklärt. Sie ist im Grunde auch nur bei bestimmten Arten der Gattungen *Vandellia* und *Tridensimilis* berechtigt, vor denen sich die Indios angeblich mehr fürchten als vor Krokodilen, Schlangen und Piranhas. Die Welse belästigen und gefährden nämlich nicht nur Fische, sondern auch Säugetiere und Menschen. Ich will ein paar ganz alte Autoren zitieren oder übersetzt wiedergeben. Die haarsträubendste Geschichte fand ich bei CASTELNAU (1855), der über seinen *Trichomycterus pusillus* schreibt: „Sie (die Fischer) behaupten, daß es sehr gefährlich ist, in den Fluß zu urinieren, weil, wie sie sagen, dieses kleine Tier aus dem Wasser kommt und in die Harnröhre eindringt, indem es den flüssigen Strahl hinaufsteigt.“ LÜTKEN (o. J.) schreibt (nach EIGENMANN 1919–1920): „Man nennt ihn dort den Candirú und fürchtet ihn mit Recht ebensosehr für das Gebiet des Wassers, wie man für das des Landes die Moskitos und die Ameisen fürchtet... Eine um so schrecklichere Plage ist es für den Badenden, eine Art Blutegel nämlich, der mit unglaublicher Schwimmfertigkeit jenem zu Leibe geht, ihm überall schröpfkopfähnliche Wunden beibringt und, wenn es ihm gelungen, sich dadurch an dem Körper festzusetzen, in der Wunde ein Nadelbündel ausspreizt, an dem er wie an Widerhaken sich derart festklammert, dass er nur durch eine schmerzhafte Operation aus dem Körper entfernt werden kann. Diese Unart des Fisches ist um so grösser und gefährlicher als er am liebsten die geheimsten Körpertheile aussucht; man erzählt sich Fälle, die bei der Operation mit dem Tode endeten...“ Und BOULENGER (1897) berichtet über *Vandellia cirrhosa*: „Der Candyrú... wird vom Urin angelockt, und wenn er erst in die Harnröhre gelangt ist, kann er wegen der Dornen an seinen Kiemendeckeln nicht wieder herausgezogen werden. Das einzige Mittel zu verhindern, daß er die Blase erreicht, wo er Entzündungen und schließlich den Tod verursacht, besteht darin, den Penis sofort zu amputieren ...“ Aber auch PELLEGRINS Bericht (1909) ist lesenswert: „Ich (Dr. Jobert) war kaum fünf Minuten im Wasser, als ich in der Lendengegend, am Bauch, auf den Seiten der Brust, wie leichte Prankenhiebe verspürte, die sich schnell wiederholten. Da ich sah, daß sich das Wasser um mich herum rot färbte, beeilte ich mich, wieder ans Ufer zu kommen und stellte fest, daß in dem Bereich, wo ich die Prankenhiebe verspürt hatte, das Blut aus parallelen Schröpfwunden lief, wie sie von einem Instrument hätten verursacht sein können, so regelmäßig waren sie ...“

BOULENGERS Bericht erklärt wohl, warum man von „urinophilen“ (urinliebenden) Schmerlenwelsen spricht, obwohl nicht klar ist, ob die Fische tatsächlich durch Urin oder vielleicht durch Körperschweiß oder die Strömung angelockt werden. Und selbst wenn ein heißes Bad oder notfalls eine kleinere Operation genügen, um sich von diesen Plagegeistern zu befreien, kann man sich die Vorsicht und die (vielleicht übertriebene) Angst der Indios erklären: Bevor sie in Gewässer steigen, in denen solche Welse leben, binden sie sich gewisse Körperteile mit einem Faden zu, tragen „Penisstulpen“ (die bei den Araguaia-Indios „Imudje“, brasilianisch „Gravatá“ heißen) oder „Schamschnüre“ (die von den Xingú-Indianern „Uluri“ genannt werden), um die Welse und gefährliche Folgen im wahrsten Sinne des Wortes „auszuschließen“. Sie sind nämlich keinesfalls Ausdruck eines Schamgefühls (oder gar Anfänge der Bekleidung), sondern sollen, farbig und kunstvoll verziert und geschmückt, sogar die Blicke auf sich ziehen. Wahrscheinlich ist ihre Funktion nicht nur im Schutz vor urinophilen Welsen zu sehen, sondern auch als Schutz vor anderem Getier (Zecken, Ameisen) und Schmutzinfektionen (LÜLING, 1969).

MAHNERT (1985) hat versucht, Fakten und Gerüchte zu trennen, und stellt fest, daß nur drei Unterfamilien parasitisch leben, nämlich die Stegophilinae (die sich aber wohl hauptsächlich von Schuppen anderer Fische ernähren), die *Tridentinae* und die *Vandelliinae.* Badeunfälle sollen selten sein, obwohl gelegentlich Schmerlenwelse in die Ohren, die Nasenlöcher oder den After einschwimmen. Amputationen männlicher Geschlechtsorgane erklärt Mahnert als Verletzungen durch ausgehungerte Piranhas, die aber nach LÜLING (1969) von den Indios „im allgemeinen mit Recht kaum gefürchtet werden“.

Daß Schmerlenwelse Blut saugen, haben MACHADO & SAZIMA (1883) eindrucksvoll nachgewiesen. Im Rio Cuiabá (Zentralbrasilien) lockten große, im Uferbereich festgebundene, lebende *Pseudoplatystoma* (also Spatelwelse) Hunderte oder gar Tausende Schmerlenwelse *Branchioica bertonii* an. Schon vier bis zehn Minuten nach dem Auslegen der Großwelse erschienen die ersten *B. bertonii,* schwammen parallel am Spatelwels entlang bis zum Kiemenbereich, wo sich sich konzentrierten und durch die Kiemenspalten ein- und ausschwammen. Zwischen einer und drei Minuten blieben sie im Kiemenraum, den sie mit gefüllten Bäuchen verließen. Bei Magenuntersuchungen fanden sich zahllose rote Blutkörperchen und in zwei Fällen etwas Hautschleim des Wirtfisches. MACHADO & SAZIMA vermuten, daß sich an einem einzigen *Pseudoplatystoma* in einem Zeitraum von nur sechs Stunden Tausende *candirús* sättigen könnten, führen diese Größenordnung aber auf die Tatsache zurück, daß die ausgelegten Wirtfische gefangen und verletzt waren.

Erst seit meinen Reisen ins tropische Südamerika ist mir bewußt, wie viele Schmerlenwelse es gibt, und schon bald stellte ich fest, daß sie kaum jemand genauer kennt. In der wissenschaftlichen Literatur muß man weit zurückgehen, um etwas über sie in Erfahrung zu bringen, in aquaristischen Fachzeitschriften und Büchern werden sie nur selten und meist nur am Rande behandelt, Bilder sind Mangelware.

Dennoch tauchen im Handel immer wieder unterschiedliche (harmlose) Arten auf, die meist eine bescheidene gelbliche oder bräunliche Grundfärbung haben und mit Längs- und Querbändern, vor allem aber immer anders arrangierten Tüpfeln oder Flecken geschmückt sind. Damit entsprechen sie zwar nicht unbedingt unserer Vorstellung von prächtigen Aquarienfischen, doch gibt es viele hübsch gezeichnete Schmerlenwelse, deren Pflege und Beobachtung durchaus lohnt und ein erster Schritt in aquaristisches Neuland ist.

Ich selbst machte meine Erfahrungen mit verschiedenen Arten der Gattung *Trichomycterus,* die ihren Gattungsnamen (Haarschnauze) wegen ihrer bebartelten ›Gesichter‹ erhalten haben. Ich begegnete ihnen zum ersten Mal im westlichen Ekuador, genauer gesagt im Einzugsgebiet des Rio Babahoyo, der in den mächtigen Rio Guayas entwässert. Mindestens zwei Arten fanden wir dort, als wir unsere Rahmenkescher ohne Rücksicht auf die Netze mit aller Kraft ins Geröll stießen, um anschließend alle möglichen Klein- oder Jungwelse aus den Steinen zu suchen.

Die Schmerlenwelse, die wir auf diese Weise fingen, hielten wir anfangs für nur eine Art, weil sie sich ihrer Form und Färbung nach nur wenig unterscheiden. Die Fische werden aber ganz unterschiedlich groß. Die erste Art, die durch ein Längsband gekennzeichnet ist, das sich auch später nicht in eine Fleckenzeichnung auflöst, bleibt recht klein und dürfte mit etwa sieben bis acht Zentimetern Gesamtlänge ausgewachsen sein. Wegen der Zeichnung könnte man annehmen, daß es sich um *Trichomycterus taenia* (der Artname deutet auf ein Längsband hin) handelt, den KNER im Jahre 1863 vom „Westabhange der Andes im Staate Ecuador“ beschrieb. Äußerst knapp und in lateinischer Sprache schilderte er einen wurmförmigen Fisch mit spitzem, fast „herzförmigem“ Kopf und sehr kleinen Augen, einem gerade abgeschnittenen Schwanzflossenrand und einem breiten Körperlängsband, über dem sich in Reihen angeordnete dunkle Punkte befinden. Genaue Größenangaben ersetzte er durch folgende Anmerkung: „Aehnelt in Totalhabitus, Grösse und Färbung auffallend unserer *Cobitis taenia*.“ Der Steinbeißer, der mit dieser Bemerkung angesprochen ist, wird aber etwa 11 Zentimeter lang. Außerdem soll *T. taenia* nach Angaben von Frau Prof. G. ARRATIA von der Universität Kansas, die sich intensiv mit Schmerlenwelsen beschäftigt, recht dunkel gefärbt sein, was auf keine der von uns mitgebrachten Arten zutrifft.

KNER nannte noch eine zweite Art, für die er dasselbe Verbreitungsgebiet angab, und die er *T. laticeps* (Breitkopf) nannte. Ihr auffälligstes Merkmal ist ein sehr stark abgeflachter Kopf in Form eines Ziegels (Dachziegels?). Die Körperseiten sind schwarz gepunktet und mit 16 bis 20 schwach sichtbaren, weißlichen Querstreifen gezeichnet. Außerdem ist von TSCHUDI (1845) eine *Trichomycterus*-Art aus Westekuador beschrieben, über deren genaues Aussehen ich leider nichts in Erfahrung bringen konnte, und die *T. dispar* heißt. Die von uns mitgebrachten Exemplare einer zweiten Schmerlenwels-Art, denen man – wenn auch mit dickem Fragezeichen – einen dieser Namen zuordnen könnte, erreichen gut und gerne 15 Zentimeter Gesamtlänge und den Querschnitt eines kräftigen Daumens. Im Aquarium entpuppten sie sich als kraftvolle und dreiste Fische, die offenbar dämmerungs- oder nachtaktiv sind. Bei der Fütterung kommen sie aber, offensichtlich durch den Geruch des Futters angelockt, in Windeseile aus ihren Verstecken, die so eng sind, daß man kaum glauben kann, daß sie sich dort aufhalten können. Zusammengedrückt und zum Teil mit Artgenossen verschlungen, ruhen sie unter Steinplatten oder zwängen sich zwischen irgendwelche Spalten, graben sich aber auch bis zu den Augen im Sand ein.

Wenn sie sich hektisch auf eine Beute gestürzt haben, die sie gierig verschlingen oder notfalls mitschleppen, bohren sie sich mit solcher Heftigkeit in den Bodengrund, daß die Kiesel nur so fliegen. Ihr glatter, schleimiger Körper, den man kaum fassen kann, scheint gegen jede Verletzung gefeit, und größere Fische nötigen ihnen nicht den geringsten Respekt ab. Dabei bietet ihr ›Gesicht‹ mit dem bebartelten Maul und den seitlich am Kopf befindlichen Hautlappen, die wie Ohren aussehen und kleine abspreizbare Zähnchen tragen, einen geradezu lustigen Anblick.

Weitere Schmerlenwelse entdeckte ich in der Gran Sabana in Venezuela, wo wir die Tiere aus dem Geröll eines wirklich reißenden und 21 °C kühlen Flüßchens mit recht saurem und sehr weichem Schwarzwasser zu Tage förderten. Die Tiere waren gelblich und mit kräftig braunen Leopardenflecken unregelmäßiger Größe geschmückt, so daß wir uns mehr als anstrengten, die flinken Flitzer zu erwischen. Doch es ist natürlich viel einfacher, seine Fische im Handel zu erwerben. Seit ich auf entsprechende Angebote achte, bin ich wiederholt auf unterschiedliche, kleine Arten von etwa zehn Zentimeter Gesamtlänge gestoßen, die immer recht preiswert angeboten wurden.

Schmerlenwels der Gattung *Trichomycterus* aus dem westlichen Ekuador – wahrscheinlich *T. laticeps:* Interessiert, aber abgesichert lugt das Tier unter einem Stein hervor.

Bisher habe ich fünf verschiedene *Trichomycterus*-Arten gepflegt und die Fische als äußerst anspruchslos kennengelernt. Einer Handvoll der kleineren Schmerlenwelse kann man bereits in einem Aquarium von etwa 60 Litern Fassungsvermögen ein neues Zuhause bieten, ohne auf andere Fische verzichten zu müssen.

Um die kümmern sie sich nämlich nicht, und natürlich lassen sie auch die Pflanzen zufrieden. Da sie fast die ganze Zeit unter Steinen leben und direkten Substratkontakt halten, darf der Bodengrund nicht zu grob, auf keinen Fall jedoch scharfkantig sein. Zwischen und unter glatten, flachen Kieseln sollten sich zahlreiche Nischen und Höhlungen ergeben. Sorgt man zusätzlich noch für gut gefiltertes, bewegtes Wasser, hat man die wesentlichen Ansprüche bereits erfüllt. Die Wasserwerte scheinen wohl höchstens für die Zucht von Bedeutung zu sein, wenn auch nicht zu warmes Weichwasser (23 bis 26 °C) mit pH-Werten von 6,0 bis 7,2 den Bedingungen in ihren natürlichen Lebensräumen am nächsten kommt.

Die Fütterung ist kein Problem: Jedes gängige Fischfutter wird angenommen, auch wenn die Tiere eine besondere Vorliebe für kleinere Würmer zu haben scheinen.

Nach meinen Erfahrungen sind zumindest die Schmerlenwelse der Gattung *Trichomycterus* gegen viele Krankheiten nahezu immun und langlebig. Meine Mitbringsel aus Ekuador pflege ich zum Beispiel schon im siebenten Jahr. Bei allen Arten lernte ich, die Geschlechter zu unterscheiden. Das sicherste Erkennungsmerkmal ist die Körperform, denn ausreichend gefütterte Weibchen werden schon bald fülliger. Von der Seite schimmert der Unterbauch dann weißlich, doch kann man Männchen und Weibchen auch gut erkennen, wenn man sie von oben betrachtet.

Womöglich kann man diese Fische sogar vermehren, wenn man sie paarweise oder ein Weibchen und mehrere Männchen in einem separaten Aquarium zur Zucht ansetzt. Eventuell muß man aber ihre Laichbereitschaft durch mehrfachen Wasserwechsel und vorübergehenden Temperaturabfall anregen. Wie sich Balz und Ablaichvorgang vollziehen, ist nicht bekannt, wie wir überhaupt kaum etwas über das innerartliche Verhalten wissen.

Bemerkenswert ist, daß sich die Tiere vielfach beisammen aufhalten und nicht selten zu mehreren in die engsten Schlupflöcher zwängen. Dann wieder veranstalten sie wildes Verfolgungsschwimmen, während dessen sie auch schon einmal den Boden verlassen. Wie man aber ihr jeweiliges Verhalten deuten kann, müssen erst noch genauere Beobachtungen klären.

Ihre Heimat ist das Fließwasser:

Extravagante Harnischwelse

Wer schon einmal in Südamerika einen Blick unter Wasser geworfen hat, weiß um die Vielzahl und Vielgestalt der Harnischwelse, die in den dortigen Süßgewässern leben. Hinzu kommt, daß man früher zu viele von ihnen in ›einen Topf geworfen‹ hat, während man heute, nach neueren Erkenntnissen und genaueren Untersuchungen zu dem Ergebnis kommt, daß es sich um verschiedene Arten, oft sogar unterschiedliche Gattungen handelt. Immer neue Arten werden entdeckt und beschrieben, aber auch für die Aquaristik eingeführt, so daß man unter Umständen Arten erwirbt, die noch keinen gültigen Namen tragen.

Uns Aquarianer sollte das weniger treffen. Schließlich sind wir erfahren genug, unser Wissen über bekannte Pfleglinge auf ähnliche, noch kaum bekannte Arten zu übertragen. Nach und nach tasten wir uns vor, ermitteln besondere Ansprüche und Eigenheiten der geheimnisvollen Unbekannten und finden – vielleicht gar mit Unterstützung eines hilfsbereiten Wissenschaftlers – irgendwann heraus, wo sie einzuordnen und wie sie zu benennen sind. Alles in allem bietet jedenfalls auch dieser Bereich der Aquaristik Anreize zu forschender Betätigung.

Harnischwelse bieten den Vorteil, daß man sie ausgesprochen gut als Beifische pflegen kann, die sich für ihr Gastrecht auch noch damit bedanken, daß sie Futterreste und vielleicht sogar häßliche oder unerwünschte Algen beseitigen und das zur Dekoration verwendete Holz sauberhalten. Ein gelegentlicher, meist zufälliger Zuchterfolg, der sich bei passenden Bedingungen durchaus einstellen kann, läßt dann eventuell die ›Beifische‹ zur Hauptsache avancieren.

Doch was sind „passende Bedingungen"? Nun, die meisten Harnischwelse sind Fließwasserbewohner, haben aber in ihren Wohngewässern ganz unterschiedliche Bereiche und Substrate erobert, in oder auf denen sie leben. Neben Gattungen, die sich in der Strömung im Geröll aufhalten, gibt es andere, die vorzugsweise totes Holz besiedeln. Wieder andere haben sich dem Leben auf Sandflächen oder an in der Strömung wachsenden Pflanzen angepaßt, und oft läßt schon die außergewöhnliche Morphologie Schlüsse zu, wo ein Harnischwels aller Wahrscheinlichkeit nach anzutreffen ist. Selbstverständlich ist auch die Ernährung nicht immer gleich. Zumindest lassen ganz unterschiedliche Zahnformen den Schluß zu, daß sich verschiedene Harnischwelse unterschiedlich spezialisiert haben. Da gibt es Arten mit zahllosen Miniaturzähnchen, die in Reihen geordnet und in die Sauglippen eingebettet sind, große löffelförmige Schabezähne und gebündelte Spitzzähne. Zu guter Letzt sollte ich vielleicht auch noch darauf hinweisen, daß es neben lichtscheuen Arten solche gibt, die sich durchaus gern im von der Sonne durchfluteten Wasser tummeln und daß sich Harnischwelse durchaus unterschiedlich vermehren, sowohl in bezug auf die Wahl der Laichplätze (in Lehmröhren, unter Steinen, „offen" auf Holz oder an Pflanzen) als auch in bezug auf die Beschaffenheit der Gelege und die Art der Brutpflege (transparente und undurchsichtige Eier, angeklebte und transportable Gelegeballen, einzeln und verstreut abgelegte Laichkörner).

Hier soll aber nur von *Ancistrus*-Verwandten (Ancistrinae) die Rede sein, die auf Holz oder Steinen leben. Zudem will ich mich auf drei Gattungen beschränken, von denen die *Chaetostoma* und die *Dekeyseria* kaum bekannt, im Handel aber verfügbar sind, während wir glauben (oder zumindest geglaubt haben), die *Panaque* (ich beschränke mich hier auf die als *P. nigrolineatus* bezeichneten Streifenharnischwelse) recht gut zu kennen, was mir inzwischen nur bedingt der Fall zu sein scheint.

Dekeyseria scaphirhyncha ist ein Musterbeispiel für die Schwierigkeiten, die man mit der Identifizierung neuerer Harnischwelse hat. Dankenswerterweise half mir Dr. ISBRÜCKER von der Universität Amsterdam, der mich auch darauf aufmerksam machte, daß die Fische früher als *Ancistrus* und *Peckoltia* geführt worden waren, bevor Frau Dr. RAPP PY-DANIEL die Gattung *Dekeyseria* aufstellte. Die im Rio Negro beheimateten Fische – als Typuslokalität wird „Barra do Rio Negro" angegeben – sind während der letzten 15 Jahre immer wieder einmal aus Brasilien importiert worden und tauchen in

△ Diese *Chaetostoma*-Art unbekannter Herkunft ist nicht nur am Kopf, sondern am ganzen Körper getüpfelt.

Weiß getüpfelte *Chaetostoma*-Art aus dem westlichen Ekuador. ▽

letzter Zeit häufiger auf. Es sind sehr flach gebaute, an das Leben im Fließwasser angepaßte Saugwelse mit ziemlich großen Augen, einer schön elliptisch gerundeten, breiten Schnauze, kurzen Lippenbarteln und einem rauhen Panzer, der allerdings keine ausgesprochenen Zähnchen oder Stacheln trägt. Das Saugmaul ist an seiner Innenfläche mit großen Papillen besetzt, die Zähne sind fein und nur wenig gebogen. Viele der Zahnspitzen sollen gegabelt sein.

Die *Dekeyseria* gehören zu den Ancistrinae, was schon besagt, daß sie mit Hakenstacheln ›bewaffnet‹ sind, die an den wenig beweglichen Zwischenkiemendeckeln aus Hauthülsen herauswachsen und die zum Drohen und Kämpfen abgespreizt werden können. Im Falle der *Dekeyseria* handelt es sich um Bündel von 15 bis 18 langen, aber dünnen Haken, deren äußerste Spitzen in einem Winkel von etwa 45° umgebogen sind.

Ein auffälliges Merkmal dieser Fische sind ihre langen Brustflossen, deren erste Stacheln bis über den Bauchflossenansatz zurückreichen und zahlreiche feine Dornen tragen, die nach außen hin an Länge zunehmen und wie dünne Borsten aussehen. Sie fallen besonders bei den Männchen auf, weil bei ihnen die Brustflossenstacheln samt „Borsten" leuchtend rot gefärbt sind, weshalb ich auch vom „Rotdorn-Harnischwels" spreche. Bei den Weibchen sehen die Brustflossenstacheln samt „Borsten" dagegen schlicht braun aus. Dies ist der augenfälligste Geschlechtsunterschied, den man schon bei 12 bis 15 Zentimeter großen Tieren feststellen kann, obwohl die Art 20 Zentimeter erreichen kann. Es mag jedoch sein, daß die Länge der Stachelborsten bei den Männchen im Alter noch etwas zunimmt.

Die Grundfärbung der Fische kann man wohl nicht als verläßliches Mittel heranziehen, um die Geschlechter zu unterscheiden. Allerdings zeigte mein Männchen die Tendenz, sich weitgehend einfarbig (rot)braun zu präsentieren, vor allem, wenn es sich sicher fühlen konnte und eindeutig dominierte, also auch nicht von anderen Fischen (bei mir meist Cichliden) bedrängt wurde. Das Weibchen, das sich praktisch ständig seinem Partner unterordnen mußte oder durch andere Fische ›auf Trab‹ gehalten wurde, zeigte (meines Erachtens als Ausdruck der Erregung) häufig ein kontrastreiches Fleckenkleid.

Schöne, braun bis schwarz abgesetzte Rücken- und Schwanzflossensäume besitzen aber beide Geschlechter.
Bei aufmerksamer Wasserpflege und angemessenen Werten (geringe Leitfähigkeit; pH wenig unter oder bis zum Neutralpunkt) sind die *Dekeyseria* pflegeleichte Fische, die wie andere Harnischwelse sowohl pflanzliches Futter aufnehmen und gern Algen abweiden als auch tierischen Abfall fressen. Ihre Ernährung bereitet also kein Kopfzerbrechen. Vom Verhalten her sind es friedliche ›Leisetreter‹, die man fast ohne Vorbehalte in der Gesellschaft kleinerer und größerer Fische pflegen kann. Ob jedoch ihre Zucht im Rahmen des Möglichen liegt, muß erst die Zukunft zeigen.

Die *Dekeyseria* teilen viele Merkmale mit den etwa 40 bekannten Arten der Gattung *Chaetostoma*, die west- wie ostandin vorkommen. Wie ich in Ekuador und Kolumbien feststellen konnte, gibt es unter ihnen auch größere Arten, die Gesamtlängen von etwa 20 Zentimetern oder gar mehr erreichen können, doch sind bislang immer nur kleinere, wenn auch verschiedene Vertreter im Handel aufgetaucht. Die hier vorgestellten *Chaetostoma* (der Gattungsname bedeutet soviel wie ›Borstenmaul‹) dürften eine Gesamtlänge von acht Zentimetern nicht überschreiten, was auch für die am häufigsten eingeführte *Chaetostoma*-Art gilt, die ich zwar nicht genauer benennen kann, deren Herkunft ich aber kenne. Wir fanden sie in Kolumbien in oberen Zuflüssen zum Rio Meta, zu denen auch der schnell fließende Rio Humadea (südlich von Villavicencio) gehört, der glasklares Wasser (pH 5,5; 0 °dGH; 2 °KH) führt. In den ruhigeren Wasserzonen maßen wir Temperaturen bis 27 °C, doch dürfte die Temperatur in den Bereichen, in denen sich die *Chaetostoma* tummeln, etwa zwei Grad kühler sein. Übrigens lebt in diesem Fluß noch mindestens eine weitere *Chaetostoma*-Art, wie man an der unterschiedlichen Zeichnung erkennen konnte. Hinsichtlich des Körperbaus sind sich alle *Chaetostoma* ähnlich, nämlich breiter als hoch und äußerst flach, damit das Wasser leicht über sie hinwegfließen kann. Sie alle besitzen kräftig ausgebildete Brust- und Bauchflossen. Auffällig ist auch das breite Saugmaul, mit dem sich die Fische an glatten Unterlagen festheften, gleichzeitig aber auch Detritus und Aufwuchs abraspeln können.

Man muß wissen, daß die *Chaetostoma* in südamerikanischen Gebirgsflüssen und Bächen, wohl in erster Linie in den Anden ihre Heimat haben, wo sie recht hoch hinauf zu finden sind. Aus diesem Grund wäre es falsch, sie zu warm zu halten. Temperaturen zwischen 22 und 25 °C dürften gerade richtig sein. Da es sich zudem um spezialisierte Fließwasserbewohner handelt, sollte das Wasser mit einer kräftigen Pumpe bewegt und zusätzlich durchlüftet werden. Sauerstoffreich, klar und nicht zu hart sollte das Lebenselixier für diese Fische sein, selbst wenn man wie bei den übrigen Harnischwelsen auch bei ihnen ein gehöriges Maß an Anpassungsfähigkeit voraussetzen kann.
Die *Chaetostoma* sind Substratbewohner, die in Freiheit nicht nur auf, sondern auch zwischen Steinen und in ihrem Schutz leben. Ihr Aquarium sollte dementsprechend mit Höhlen und Steinen eingerichtet sein. Außerdem kann man davon ausgehen, daß diese Welse grelles Licht scheuen, was bei der Aquarienhaltung den Nachteil hat, daß sich nur schwerlich Algen ansiedeln, die wiederum eine natürliche Nahrungsquelle dieser Fische sind. Glücklicherweise fressen sie aber auch herkömmliches Fischfutter, selbst wenn es sich nicht um pflanzliche Kost handelt. Flockenfutter, Futtertabletten (insbesondere solche, die man an die Scheibe klebt), abgestorbenes Lebendfutter oder gar geschabtes Rinderherz werden schnell als Nahrungsquelle entdeckt. Mit besonderem Eifer bearbeiteten sie bei mir bemooste Steine, wie man sie an schattigen Wegrändern das ganze Jahr über findet.

Im Fließwasser, dort aber in erster Linie auf Holz, trifft man auf den Streifenharnischwels *Panaque nigrolineatus*. Man kann aber noch genauer sagen, wo man diese Tiere antrifft: Mit zunehmender Größe wandern sie nämlich offensichtlich in tiefes Wasser ab. Wo das Wasser ein bis zwei Meter tief ist, findet man deshalb nur kleine oder junge Exemplare, die meist an der Unterseite von eingelagerten Baumstämmen oder Ästen sitzen. Das Wasser selbst kann im Grunde gar nicht genug strömen, wofür auch die „hydrodynamische“ Körperform der Welse spricht. Fließt das Wasser über ihren hohen Rücken hinweg, werden die Fische automatisch gegen das Substrat gepreßt. Dort verankern sie sich zusätzlich mit den kurzen, aber kräftigen Brust- und Bauchflossen, deren

△ *Dekeyseria*-Männchen: Der verdickte Brustflossenstachel ist rot.

Diese am häufigsten zu uns eingeführte *Chaetostoma*-Art stammt aus dem oberen Rio-Meta-Einzug in Kolumbien. ▽

Hartstrahlen dicht an dicht mit feinen Hautzähnchen besetzt sind. Das kräftige Saugmaul, aus dessen Lippen (anders als bei den meisten Harnischwelsen) nur wenige große, löffelartige Zähne herausschauen, ermöglicht es ihnen, sich anzusaugen oder festzuhalten und Kraft zu sparen, bis sie sich durch kurzzeitiges Flossenschwimmen ruckartig nach vorn bewegen.

Welche Kraft in einem *Panaque*-Raspelmaul steckt, wird sicher häufig unterschätzt: Seit Jahren ärgerte ich mich über die Pinselalgen in einem 500-Liter-Becken, die tiefbraun und seidig Holz, Steine und sogar die Scheiben überwucherten. Lang und kräftig waren sie, und wenn sie nicht ein so düsteres Bild abgegeben hätten, wäre ich wohl nicht einmal auf die Idee gekommen, sie zu bekämpfen. So aber versuchte ich den CO_2-Austrieb zu verringern, stellte die Belüftung ein, kratzte die Algen ab, nahm eine Drahtbürste und einen Gasbrenner zu Hilfe. Schließlich legte ich die Dekoration noch zusätzlich bei ärgstem Frost drei Tage und Nächte in den Schnee und hoffte, das Algenproblem gelöst zu haben. Aber mitnichten:

Eng gestreifter *Panaque* aus dem Teles-Pires-Einzug in Brasilien.

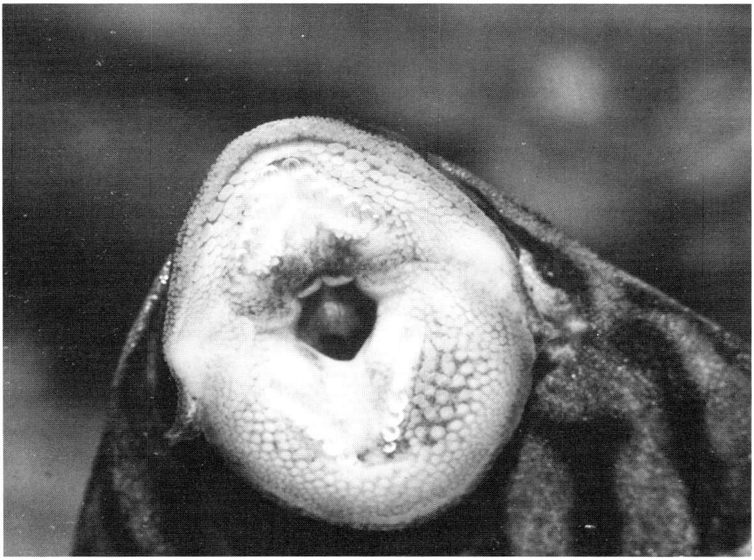

△ *Panaque*-Raspelmaul mit wenigen, löffelförmigen Zähnen.

Panaque-Auge mit herabgelassenem Irislappen. ▽

binnen weniger Wochen war der alte Zustand wieder hergestellt. Doch dann setzte ich (ganz zufällig) einen vielleicht 12 Zentimeter langen Streifenharnischwels ein – der mich endlich von der Algenplage befreite. Es dauerte zwar drei bis vier Monate, doch dann war das Aquarium algenfrei, so daß ich meine ›Wunderwaffe‹ später gezielt einsetzte. Ja, diese Welse räumen auch mit den hartnäckigsten Algen auf, zerraspeln aber nach und nach auch zur Dekoration verwendetes Holz oder Kork. Schon an der rauhen Oberfläche des Holzes kann man ablesen, ob sich ein *Panaque* im Aquarium befindet, und oft treiben gar feine Holzpartikel als Schwebeteilchen im Wasser.

Nach eigenen Beobachtungen in freier Natur und im Aquarium vermute ich, daß der Streifenharnischwels eher lichtscheu ist und über die Möglichkeit verfügt, seine Färbung nicht nur nach Stimmung und Empfinden, sondern auch in Anpassung an die Helligkeit seiner Umgebung zu verändern. Exemplare, die man aus dunklen Verstecken heraufscheucht, sind meist dunkel, ihre kontrastreichen Streifen sind verblaßt. Andererseits erstrahlen die hellen Linien in schönem Gelb oder Grau, wenn eingewöhnte Tiere im Aquarium bei voller Beleuchtung sorglos nach Futter suchen.

Der Wechsel in unterschiedlich helle Bereiche fällt übrigens allen Harnischwelsen nicht zuletzt deshalb leicht, weil sie (im Gegensatz zu fast allen anderen Fischen) die Möglichkeit haben, den Lichteinfall in ihr Auge zu steuern. Bei Helligkeit kann ein kleines Irisläppchen wie ein Rollo von oben her über der Iris ausgebreitet werden, das die Tiere wieder hochziehen, wenn es dunkel wird.

Der Streifenharnischwels *Panaque nigrolineatus* wurde im Jahre 1877 von PETERS nach 39 Zentimeter langen Exemplaren aus Calabozo in Venezuela beschrieben und ist Gattungstyp der von EIGENMANN & EIGENMANN aufgestellten Gat-

---

Rechte Seite:
Oben: Gelb-braun gestreifter *Panaque* aus dem Araguaia-Einzug in Brasilien.

Unten: Grau-schwarz gestreifter *Panaque* unbekannter Herkunft (Zoofachhandel).

tung. Die Art soll aber auch im übrigen Orinoco-Einzug und in vielen Amazonas-Zuflüssen zu Hause sein. Bemerkenswert ist, daß die jeweils gefangenen Fische unterschiedlich aussehen: So fand ich im Rio Teles Pires, einem südlichen Amazonas-Zufluß, besonders eng gestreifte Tiere. Exemplare aus dem Rio Araguaia-System, einem südöstlichen Amazonas-Zufluß, schmücken breite, kräftig gelbe Streifen. Im Fachhandel fand ich dagegen Streifenharnischwelse, die fast blaugrau gefärbt sind und bei denen sich die Streifen am Kopf teilweise kreuzen. R. STAWIKOWSKI fand in einer Fangstation in Belém riesige Exemplare (von über 40 Zentimetern Gesamtlänge) mit unglaublich langen Dornen an den Zwischenkiemendeckeln. Wie die Tiere von der Typuslokalität aussehen, kann ich leider nicht sagen.

Es scheint also verschiedene Lokalformen dieser Art zu geben, über deren Geschlechtsunterschiede man noch rätselt. Womöglich sind stark verlängerte Borsten an den Zwischenkiemendeckeln Geschlechtsmerkmale der Männchen, doch sind in der aquaristischen Literatur bislang keine im Aquarium aufgezogenen Exemplare abgebildet worden, die solche Borsten tragen.

Zuchtberichte und Beobachtungen über innerartliches Verhalten liegen ebenfalls nicht vor. Vielleicht kommen wir mit dieser Art deshalb nicht weiter, weil sie ausgesprochen langsam wächst und möglicherweise Jahre braucht, um geschlechtsreif zu werden. Man sieht, hier sind noch viele Fragen offen.

Streifenharnischwelse pflegt man am besten in großen Aquarien mit viel Holz, deren Wasservolumen kräftig umgewälzt wird. Zu kühl muß das Wasser aber wohl nicht sein (23 bis 27 °C). Wasserpflanzen einzusetzen hat keinen Zweck: Da die Fische pflanzliche Kost über alles schätzen, bleiben früher oder später nur Blattgerippe und Stengel übrig. Da füttert man doch besser Salat, Spinat, (Rosen-)Kohl oder gar Erbsen. Zusätzlich wird auch tierische Kost (Fischfleisch, Herz, gefrostete Mückenlarven) und Trockenfutter (Tabletten, Preßfutter) gern genommen. Trotz ihrer Größe sind die Tiere absolut friedlich. Selbst wenn sie sich über tote Fische (Aas) hermachen, heißt das noch lange nicht, daß sie auch Fische umbringen!

Pfeilschnelle Pseudohechte:

Halbschnäbler und Lebendgebärende Hechtkärpflinge

Hemirhamphiden heißen sie wissenschaftlich, populär nennt man sie „Halbschnabelhechte“ – schlanke, torpedoförmige Fische mit nach hinten versetzten Flossen und einem oft vorgezogenen, starren Unterkiefer, mit dem zusammen ein deutlich kürzerer, aber beweglicher Oberkiefer eine Art ›Schnabel‹ bildet. Die deutsche Bezeichnung ist damit sehr anschaulich, aber dennoch nicht ganz korrekt: Tatsächlich gehören diese Lebendgebärenden nämlich nicht zu den Hechten, sondern in die Verwandtschaft der Fliegenden Fische!

Schon vor Jahren hatte ich eine Art der Gattung *Dermogenys,* also einen „Kampfhalbschnäbler“, gepflegt und viel Freude an diesen spindelförmigen Geschossen gehabt, weshalb ich später, als ich im Zoofachhandel andere Halbschnäbler fand, sofort zugriff und zu Hause versuchte, sie näher zu bestimmen. Schließlich fand ich heraus, daß sie nicht zur Gattung *Dermogenys* gehören konnten, weil die Unterkieferverlängerung bis zur Spitze hin bezahnt war und weil der Rückenflossenansatz deutlich vor der Afterflosse lag, während bei den *Dermogenys* die Rückenflosse immer hinter der Afterflosse ansetzt.

Unter meinen Tieren vermutete ich ein Männchen und zwei Weibchen: Das Männchen war intensiver gefärbt und deutlich länger als die Weibchen. Bei den *Dermogenys* (und den *Nomorhamphus,* von denen später noch die Rede sein wird) werden die Weibchen größer als die Männchen, bei meinen „Zahnleistenhalbschnäblern“ war es umgekehrt. Außerdem waren die gerundete Schwanzflosse, die After- und die Bauchflossen weiß gesäumt. Der Grundton meiner Zahnleistenhalbschnäbler war ein metallisch glänzendes Türkisgrün, und je nach Stimmung traten auf den Seiten in regelmäßigen Abständen vier dunkelgrüne Querbinden hervor, die fast ebenso breit waren wie hoch. So kam ich zu dem Ergebnis, *Hemirhamphodon* und damit Vertreter einer Gattung gekauft zu haben, deren Hauptverbreitungsgebiet das Malaische

Archipel und Singapore, das östliche Sumatra und das westliche und südliche Borneo ist. Wahrscheinlich handelte es sich um *Hemirhamphodon pogonognathus*, doch gibt es noch zwei weitere Arten, die *H. phaiosoma* und *H. chrysopunctatus* heißen. In ihrer Heimat sollen die Fische an saure Schwarzwässer des tropischen Regenwaldes angepaßt sein. BREMBACH (1991) nennt pH-Werte zwischen 4 und 5,5 und verweist darauf, daß die Tiere an der Wasseroberfläche in kleinen Schulen leben, wo sie Anflugnahrung und Ameisen erbeuten.

Meine anfangs vier bis fünf Zentimeter langen Halbschnäbler pflegte ich in einem langgestreckten Becken in der Gesellschaft einiger Jungwelse. Da die früher gepflegten *Dermogenys pusillus* in unserem Leitungswasser mit etwa 7 °dGH, einem pH-Wert etwas über 7 und bei Temperaturen zwischen 24 und 25 °C sogar gezüchtet hatten, verschwendete ich an die Wasserzusammensetzung keine weitere Gedanken. Die Neuankömmlinge orientierten sich sofort gegen die Strömung des Filtereinlaufs, standen ruhig zwischen Hornkrautbüscheln und lauerten auf Beute. Geschickt schnappten sie erstaunlich große Trockenfutterbrocken aus der Strömung, während Lebendfutter ihnen anscheinend unbekannt war. Jedenfalls kreisten sie umständlich zwischen Wasserflöhen und Hüpferlingen umher und jagten sie längst nicht so geschickt und zielstrebig wie *Dermogenys pusillus.* Anflugfutter konnte ich vorerst nicht bieten, weshalb ich es mit Ameisen versuchte, die sie jedoch verschmähten. Milben aus der Grindalkiste wurden akzeptiert, doch so winzige Häppchen konnten doch wohl nur als Appetitanreger dienen. Den Grindalwürmern, die ich von einer Messerspitze bot, wichen die Tiere zunächst ängstlich aus. Doch mit etwas Geduld brachte ich allen drei Fischen in wenigen Tagen bei, daß es von dort etwas zu holen gab. Schon bald „verschnabulierten" sie nicht nur erstaunliche Mengen Grindalwürmchen, sondern auch mundgerechte Bröckchen Rinderherz.

Anfangs war das gattungstypische Andropodium meines noch jungen Männchens nicht deutlich zu erkennen. Doch auf Detailfotos erwachsener Männchen erkennt man, daß nur die ersten vier Strahlen normal ausgebildet, die Strahlen 5 bis 8 aber verkürzt sind. Kaum war ich halbwegs sicher, daß mein größtes Tier ein Männchen war, da imponierte es bereits mit

Männchen des Zahnleistenhalbschnäblers *Hemirhamphodon pogonognathus.*

gespannten Flossen vor den beiden Weibchen. Dennoch rechnete ich vorerst noch nicht mit Nachwuchs, weil die Weibchen jegliche vermutete Körperfülle vermissen ließen.

Ich war daher völlig überrascht, als ich nach etwa einer Woche zwei Jungfische zwischen dem schwimmenden Wasserhornfarn *Ceratopteris* entdeckte. Nach weiteren Jungen suchte ich leider vergeblich. Doch am darauffolgenden Tag entdeckte ich wieder eins, darauf zwei, dann wieder eins und so fort. Über dreieinhalb Wochen hinweg entdeckte ich täglich einen bis fünf Jungfische. Es gab selten Tage, an denen ich nichts abschöpfen konnte. Leider kann ich nicht verläßlich sagen, ob erst das eine, dann das andere Weibchen über einen geschlossenen Zeitraum weg die Jungen absetzte oder ob beide Weibchen im Wechsel gebaren. Jedenfalls ist klar, daß bei diesen Lebendgebärenden die Jungen nicht auf einmal geboren werden, sondern daß die Weibchen ihre Kleinen nach und nach einzeln absetzen.

Natürlich ist dieses Phänomen inzwischen genauer untersucht worden. Entnommene Ovarien stellten sich als Eiketten heraus, die zeigten, daß immer die Eier oder Embryonen am weitesten entwickelt sind, die sich unmittelbar vor der Geburtsöffnung befinden. Die Eier liegen also nicht neben-, sondern hintereinander und wandern zur Geburtsöffnung, wobei sie auch von nachrückenden Eizellen geschoben werden.

Nach ungefähr drei Wochen hatte ich etwa vierzig Junge abgefischt. Ich fand sie meist am Rand des Aquariums oder seitlich an einem schwimmenden Blatt. Die Jungfische waren etwa zwölf Millimeter lang und hatten auffällig große Augen.

Der Unterkiefer der *Hemirhamphodon* ist nicht nur verbreitert, sondern auch stark verlängert und nach unten umgebogen.

△ Andropodium eines Halbschnäbler-Männchens.

Gerade geborene Halbschnäbler besitzen noch keinen verlängerten „Schnabel“. ▽

Die auf dem Oberkiefer sitzenden Antennen – das Geruchsorgan dieser Fische – waren überproportional entwickelt. (Bei erwachsenen Tieren sind diese Nasalbärtel länglich und zugespitzt.) Die Verbreiterung des Unterkiefers war schon im Ansatz zu erkennen, allerdings war der Schnabel noch nicht ausgezogen. Die Jungen quartierte ich in flache Glasschalen von zwölf Zentimeter Durchmesser um, die ich in einem größeren Aquarium treiben ließ. In solchen Aufzuchtsschalen, deren Wasserstand zehn bis fünfzehn Millimeter beträgt, lassen sich die Jungen optimal füttern: Die *Artemia*-Nauplien ballen sich zu einer Wolke, nach der die Jungfische gierig schnappen. So aufgezogen, verlief das Wachstum der Jungen erstaunlich schnell: In zwei Wochen hatten die Tiere ihre Länge verdoppelt!
Die erwachsenen Zahnleistenhalbschnäbler stellten ihren Jungen nicht nach, doch mag das an meiner reichlichen Fütterung gelegen haben. Unter den Jungen fand ich keine Bauchrutscher. Noch ein Tip: Aquarien, in denen man Halbschnäbler pflegt, sollten gut abgedeckt sein. Das lehrte mich eine bittere Erfahrung: Mit einem gezielten Hechtsprung beging mein einziges Männchen Selbstmord, und ich fand es als Mumie auf dem Teppich. Doch natürlich war das nicht das Ende meiner *Hemirhamphodon*-Zucht: Schließlich brachten die Weibchen noch drei Wochen lang Jungfische zur Welt.

Halbschnäbler werden nicht regelmäßig angeboten, und so kaufte ich bei Gelegenheit spontan eine kleine Gruppe *Nomorhamphus,* die wegen ihrer Herkunft – die Fische leben auf der indonesischen Insel Sulawesi, die früher Celebes hieß – als „Celebes-Halbschnäbler" angeboten wurden. Bei den *Nomorhamphus* ist der Geschlechtsdimorphismus besonders ausgeprägt. Die Männchen sind deutlich kleiner als die Weibchen. Außerdem sind ihre ersten vier Afterflossenstacheln zum Begattungsorgan umgestaltet, wobei der zweite Strahl am stärksten von der Normalform abweicht. Die Strahlen 5 bis 7 sind verkürzt und von einer Hautfalte umschlossen. So ergibt sich auf den ersten Blick der Eindruck einer normalen Flosse. Tatsächlich ist aber nur der hintere Teil der Analflosse wie eine normale Flosse gebildet, im vorderen, unteren Teil erscheint sie wie abgeschnitten, weil dort die ersten Strahlen des Begattungsorgans nahezu parallel zum Körper verlaufen.

Zwei rangelnde Weibchen des Celebes-Halbschnäblers *Nomorhamphus liemi* – auch Weibchen können farbenprächtig sein!

Die eigentliche Genitalpapille mit der gerundeten Spermienspalte liegt noch davor, was übrigens auch bei den *Dermogenys* der Fall ist. Dagegen ist das Andropodium bei den *Hemirhamphodon* genau „umgekehrt“ gebaut: Der vordere Teil ist normalflossig, der hintere zum Begattungsorgan umgebildet. (Damit unterscheiden sich die „Zahnleistenhalbschnäbler“ deutlich von den „Kampfhalbschnäblern“, auch wenn sich die beiden Gattungen sonst recht ähnlich sehen.) Der Schnabel ist bei dieser Gattung nicht besonders lang, die Zwischenkiefer sind breit. Beide Geschlechter bilden deutliche Schnabelzipfel aus. Die Rückenflosse setzt noch hinter der Afterflosse an; die Schwanzflosse ist abgerundet, aber auch deutlich gestutzt.

Obwohl die Männchen weitaus prächtiger gefärbt sind, kaufte ich mit Absicht ein Männchen und drei Weibchen, denn von lebendgebärenden Fischen weiß man, daß männliche Tiere ihre Weibchen ständig ›belästigen‹. Heute kann ich sagen, daß diese Entscheidung auch noch aus einem weiteren Grunde richtig war: Ich mußte nämlich mit meinen Nachzuchten die Erfahrung machen, daß Männchen untereinander recht zänkisch sind und daß sich – zumindest in kleineren Becken – auf Dauer nur ein solcher ›Pascha‹ hält.

Anhand der Färbung fiel es mir leicht, meine Halbschnäbler als *Nomorhamphus liemi snijders* zu identifizieren – auch wenn die Artabgrenzung innerhalb dieser Gattung nicht ganz leicht ist. Wissenschaftliche Beschreibungen der auf Sulawesi endemisch (also nur dort) lebenden *Nomorhamphus*-Arten gibt es von *Nomorhamphus hageni* aus dem östlichen Sulawesi, *N. celebensis* aus dem Einzugsbereich des Possosees in Mittel-Sulawesi, *N. towoetii* aus dem Gebiet des Towoetisees im mittelöstlichen Gebirge von Sulawesi, *N. brembachi* und *N. liemi* aus Südsulawesi. Bei dieser zuletzt genannten, rein schwarzflossigen Art müßte man korrekterweise von *N. liemi liemi* sprechen, denn der Erstbeschreiber (D. VOGT) beschrieb eine dazugehörige Unterart mit rot-schwarzen Flossen, *N. liemi snijdersi.* Die beiden Artnamen ehren Herrn DIG LIEM von „Vivaria Indonesia“ in Jakarta und Herrn HENDRIK T. SNIJDERS. Mittlerweile hat BREMBACH (1991) zwei weitere Arten beschrieben, nämlich *N. ravnaki* (mit der Unterart *N. ravnaki australe)* aus dem Hochland von Maros und *N. sanussi* aus einem Gebirgsbach bei Segoja.

Man sollte meinen, daß es sich bei den *Nomorhamphus* – wie bei den *Dermogenys* und den *Hemirhamphodon* auch – um Oberflächenfische handelt, und demzufolge eine hohe Anpassungsfähigkeit an die Wassertemperatur voraussetzen. Ja, ich hätte sie sogar eher warm gehalten, mußte mich aber eines Besseren belehren lassen: Die *Nomorhamphus* besiedeln auf Celebes nämlich schnell fließende Berggewässer bis in Höhenlagen um 1200 Meter hinauf, während sie in den Unterläufen der Flüsse weniger zahlreich sind. Mit anderen Worten: Sie schätzen eher kühleres Wasser. Temperaturen zwischen 22 °C und 25 °C dürften gerade richtig sein. Auch sind es keine ausgesprochenen Oberflächenbewohner: Nach Freilandbeobachtungen sollen sie sich tagsüber sogar vorwiegend zwischen den Steinen am Gewässergrund aufhalten und nur nachts zur Wasseroberfläche heraufkommen, wo sie dann nach Futter jagen. Künstlicher Lichtschein zieht sie aus dem Dunkel geradezu magisch an, so daß sie von den Einheimischen nachts im Schein einer Petroleumlampe gekeschert werden.

Aquaristisch sind diese Fische aber auch deswegen eine wirkliche Bereicherung, weil sie im Gegensatz zu vielen anderen Aquarienfischen härteres Wasser bevorzugen. Zwar vertrugen sie bei mir auch 7 °dGH und 6 °KH, doch wären 10 und mehr Härtegrade idealer. Auch der pH-Wert lag bei mir mit etwa 7,0 eigentlich zu niedrig: er sollte zwischen 7 und 8 betragen.

Ich manipulierte meine Wasserwerte nicht, berücksichtigte aber andere Dinge: So setzte ich meine *Nomorhamphus* in Aquarien von anfangs 70, später 90 Zentimeter Länge, die ich nur schütter bepflanzte, um den Schwimmraum möglichst wenig einzuengen. Als Dekoration verwendete ich einige größere Steine. Eine kräftige Kreiselpumpe und ein Diffusor sorgten für die nötige Wasserbewegung und eine starke Anreicherung mit Sauerstoff; und schließlich ersetzte ich in vierzehntägigem Wechsel ein Drittel des Beckenwassers durch Frischwasser, um der Qualität des unbelasteten Gebirgswassers ›das Wasser reichen zu können‹...

Als ich meine Halbschnäbler kaufte, waren es halbwüchsige Tiere von mehr oder weniger vier Zentimetern Gesamtlänge. Zu diesem Zeitpunkt war das Männchen schon deutlich bunter, aber natürlich noch nicht ausgefärbt. Auffälligster Unterschied zu den Weibchen war die flächig gefärbte Schwanzflosse, die im vorderen Teil rot, nach hinten zu schwarz war. Ausgefärbte, erwachsene Männchen von vielleicht sechs bis sieben Zentimetern Länge schmücken außerdem leuchtend hellblaue Bereiche am Ansatz der Rückenflosse und manchmal auch der Anale. Alle Flossen tragen rote Akzente und sind zu ihrem Ende hin breit und kräftig schwarz gesäumt. Rot und schwarz ist auch das ›Gesicht‹ der Männchen: Die Schnabelpartie ist vom Auge bis auf Höhe der Spitze des Oberkiefers rötlich, während der verlängerte Teil des Unterkiefers pechschwarz ist. Je älter die Männchen sind, um so mehr wächst an der unteren Schnabelspitze ein rabenschwarzer fleischiger Zipfel herab, so daß eine Art hakenförmiges Gebilde entsteht.

Die Weibchen wachsen ab einer Gesamtlänge von etwa vier bis fünf Zentimetern deutlich vor und können etwa neun Zentimeter erreichen! Es sind dann durchaus stattliche Fische, die entsprechend große Beute bewältigen. Mit Trokkenfutter allein kann man die Art jedenfalls nicht in Topform halten.

Nach Literaturangaben sind es eigentlich Insektenfresser, die ihre geflügelte Beute von der Wasseroberfläche holen, doch will mir nicht in den Kopf, warum sie sich gerade dann tagsüber im tieferen Wasser oder sogar am Gewässerboden aufhalten, was ich nach eigenen Beobachtungen am Verhalten meiner Tiere durchaus glaube. Magenuntersuchungen haben nämlich ergeben, daß freilebende Tiere auch kleine Jungfische erbeuten, und meine Fische fraßen sehr gerne Mückenlarven und Bachflohkrebse. Auch Teichfutter nahmen sie sehr gern, allerdings durfte es nicht zu klein sein.

Doch bleiben wir noch einen Moment bei den Weibchen, die einerseits deutlich schlichter gefärbt sind als die Männchen, bei denen es aber andererseits große individuelle Färbungsunterschiede gibt. Es kommen Weibchen vor, deren Flossen zumindest kräftig schwarze Spitzen und rote Akzente tragen, so daß man eine wirklich attraktive Gruppe zusammenstellen kann, wenn man seine Nachzuchten nur entsprechend aussucht.

Meine Halbschnäbler entwickelten sich bei reichlicher Fütterung prächtig und machten mir vor allem auch wegen ihrer Beweglichkeit und Schwimmfreude viel Spaß. Es sind eben keine Fische, die ausschließlich an der Wasseroberfläche ›herumhängen‹, sondern lebhafte Tiere, die in allen Bereichen des Aquariums anzutreffen sind und ständig den Standort wechseln. Nicht selten ziehen sie im Trupp daher, zumindest folgt das Männchen so gut wie immer einem der Weibchen. Dieses Verfolgen gehört ebenso zur Balz wie ein Umschwimmen der weiblichen Tiere, das ständige Belauern und das ›Anpirschen‹ von hinten, wobei sich das Männchen in der Regel von unten her dem Weibchen nähert. Die eigentliche Begattung konnte ich nie beobachten, doch waren alle Weibchen ständig befruchtet.

Mit der Zeit wurden die Weibchen immer fülliger, die Körperseiten wölbten sich seitlich deutlich aus, und die Bauchdecke schillerte sibrig-weiß. Schließlich trat auch die Geschlechtsöffnung etwas hervor, durch die es dunkel hindurchschimmerte. Während sich die Weibchen kurz zuvor noch gierig auf jedes Futter gestürzt hatten, zogen sie sich nun zwischen die Pflanzen zurück. Ich ahnte, daß nun der richtige Zeitpunkt gekommen war, sie zu isolieren, und setzte sie in kleine Becken von etwa 25 Zentimetern Kantenlänge, die ich nur etwa 10 Zentimeter hoch befüllte. Ein lockeres Gewirr grober Perlonfaser, wie man es als Filtermaterial verwendet, diente als Zuflucht für die zu erwartenden Jungfische. Ich gab ziemlich viel hinein: Die Weibchen waren in ihrer Bewegungsfreiheit ganz schön eingeengt. Nach meinen späteren Erfahrungen war solche Vorsicht durchaus nicht fehl am Platz: Gab es weder schützende Pflanzen noch solches Perlongespinst, fraß die Mutter immer einige Jungfische, es sei denn, ich hatte die Gelegenheit, das Weibchen sofort nach dem Gebären zu entfernen.

Meist kamen die Jungfische sofort in der folgenden Nacht zur Welt, denn ich lernte schnell, wie ein hochträchtiges Weibchen aussieht. Nur anfangs kam es gelegentlich vor, daß ich ein besonders ›vollgefressenes‹ Exemplar wegen seiner Leibesfülle umsetzte. In solchen Fällen sind die Tiere vorn aber deutlich dicker als hinten, während Weibchen, die kurz vor der Geburt stehen, auch in der Genitalgegend sehr dick sind.

Die Jungfische waren immer überraschend groß, obwohl ihre Größe zum Teil von der Anzahl der Jungen abhängig zu sein scheint. Mit anderen Worten: Je weniger Jungfische pro Wurf geboren werden, um so größer und kräftiger sind sie. Die Größe des Weibchens spielt dagegen keine Rolle. Frisch geborene Jungtiere sind fast 20 Millimeter lang und fressen sofort Hüpferlinge oder kleine Wasserflöhe; allerdings war ihre Zahl bei mir immer sehr gering. Nach Literaturangaben hatte ich mit etwa 20 Jungfischen gerechnet, doch wurden bei mir meist nur sieben bis zehn, in einem Falle 14 Jungfische geboren. Auch große, fast zweijährige Weibchen brachten keine höheren Jungfischzahlen, und manchmal kamen gar nur zwei oder vier Halbschnäbler zur Welt. Dafür gebären die Weibchen jedoch schon bald erneut: Untersuchungen der

Ovarien haben ergeben, daß sie stets zwei Bruten unterschiedlicher Entwicklungsstadien und noch eine Ansammlung kurz vor der Befruchtung stehender Eier beinhalten.
Mit der Aufzucht der kleinen *Nomorhamphus* hatte ich nie Schwierigkeiten, es sei denn, ich setzte sie schon während der ersten zwei bis drei Tage um. Man ist leicht dazu versucht, um Platz zu sparen, kann dann aber unter Umständen einen nicht unerheblichen Teil der Kleinen verlieren. Besser ist es, in den ersten Tagen kleinere Frischwassermengen aufzufüllen, bevor man dann verschiedene ›Würfe‹ zusammensetzt. Untereinander verhalten sich die Kleinen völlig friedlich, und nach meinen Erfahrungen wachsen sie bei ausreichender Fütterung mit Teichfutter sehr gleichmäßig heran. Freilich machen die Futterbeschaffung und der regelmäßige Wasserwechsel viel Arbeit, doch sollten wir uns angesichts der Tatsache, daß die *Nomorhamphus*-Arten als sauerstoffbedürftige Bewohner vergleichsweise kühler Berggewässer in besonderer Weise transportanfällig sind, diese Mühe schon machen, um sie durch regelmäßige Nachzucht zu erhalten.

Halbschnäbler sind – das sollte deutlich geworden sein – zwar hechtförmige Fische, aber keine ausgesprochenen Raubfische, die heißhungrig und, wie es A. HARTL in seinem Aufsatz über *Belonesox belizanus* formuliert, „mit kaltem Blick“ auf Beute lauern. Tatsächlich ist der Hechtkärpfling, der mit den Halbschnäblern auch nicht näher verwandt ist, im Gegensatz zu ihnen ein hochspezialisierter Raubfisch und zumindest insofern eine Besonderheit, als er unter den Lebendgebärenden Zahnkarpfen der Neuen Welt der einzige Räuber und auch der einzige Vertreter seiner Gattung ist.
Belonesox bedeutet soviel wie „Pfeilspitzenhecht“, der Artname nimmt auf seine Herkunft Bezug. Die Fische kommen nämlich unter anderem in Belize vor. Doch auch in Guatemala, Honduras und Costa Rica sind sie zu finden. Nach Norden erstreckt sich das Verbreitungsgebiet von Qintana Roo bis hinauf nach Vera Cruz in Mexiko. Allerdings ist die Art nur in solchen Wasserläufen zu finden, die zum Atlantik hin entwässern. Dabei bevorzugen die Oberflächenfische mäßig bis träge fließendes und stehendes Wasser, das sogar brackig sein kann. Dort kann man sie oft am Rande von Schwimmpflanzenteppichen antreffen. Sie lauern ihrer Beute

auf und jagen aus dem Schutz der Pflanzen heraus, aber auch im freien Wasser. Die Schwimmpflanzen, meist *Eichhornia crassipes* und *Pistia stratiotes,* schatten große Wasserflächen ab und sorgen dafür, daß die Sonne sie nicht allzu sehr aufheizen kann. Unter diesen Pflanzenteppichen mißt man aber immer noch Temperaturen um 25 °C, während man an der offenen Wasseroberfläche Temperaturen bis über 33 °C messen kann.

Nach meinen eigenen Erfahrungen ist der Fang dieser pfeilschnellen Torpedos eine entnervende Angelegenheit. Es gelingt den Fischen immer wieder, in oder unter die Schwimmpflanzendecke zu entkommen. Und selbst wenn man sie ins freie Wasser getrieben hat, ist die ›Schlacht noch nicht gewonnen‹: Zögernd stehen die Fische im Wasser und bewegen sich bestenfalls verhalten vorwärts, brechen dann aber unvermittelt und blitzschnell zur Seite oder nach vorn aus, wobei sie gelegentlich auch abtauchen. Große, grobmaschige Netze kann man wegen der Spindelform und der Gefahr einer Verletzung nicht verwenden. Fast immer verhaken sich die Tiere mit ihren Kiemendeckeln und Zähnen derart, daß man sie nicht aus den Maschen lösen kann, ohne ihnen zu schaden. Der Fang dieser Art ist aber auch deswegen schwierig, weil die Tiere nie in Massen auftreten. Erwachsen sind sie Einzelgänger oder leben paarweise, und nur halbwüchsige Exemplare trifft man ab und zu in kleinen Trupps.

Ich hatte *Belonesox belizanus* schon auf Abbildungen gesehen, war dann aber doch beeindruckt, als ich das erste Wildfangexemplar im südlichen Mexiko zu Gesicht bekam. Die Männchen werden höchstens 12 bis 15 Zentimeter lang und bleiben damit deutlich kleiner als die Weibchen, die immerhin 20 Zentimeter groß werden können und Respekt einflößende Räuber sind. Immer aber fasziniert ihre Physiognomie. Der Kopf ist spitzwinklig, die Augen sind groß und die Kiefer gebogen. Die feinen, spitzen Zähne sind selbst bei geschlossenem Maul deutlich sichtbar. Farblich, das muß man zugeben, haben die Tiere nicht viel zu bieten. Sie sind grauoliv, je nach Lichteinfall silbrig, und in der Nacht erscheint ein dunkelbrauner bis schwarzer Streifen. Die Schwanzflosse färbt sich dann ebenfalls schwarz. Ihre Augen schimmern zwar etwas blau und die Körperseiten können ebenfalls leicht bläulich oder auch gelblich reflektieren, ansonsten sind jedoch nur noch ein kleiner schwarzer Fleck auf der Mitte der Schwanzwurzel und eine feine Körpertüpfelung erwähnenswert. Was die Unterscheidung der Geschlechter angeht, so ist sie denkbar einfach. Ab einer Gesamtlänge von etwa fünf Zentimetern entwickelt sich beim Männchen das Gonopodium. Es ist auffällig groß und lang. Zudem sind die Weibchen an der Größe und an der Körperfülle leicht auszumachen.

Die Tatsache, daß *Belonesox belizanus* ein lauernder Jäger ist, kommt uns bei der Aquarienhaltung zugute. Die Fische sind nicht bewegungsfreudig und beanspruchen daher bei weitem nicht so viel Raum, wie ein lebhafter Schwimmer dieser Größe benötigen würde. Man kann sie also durchaus lange Zeit in einem Aquarium mit einer Oberfläche von 40 × 100 Zentimetern pflegen, ohne dabei ein schlechtes Gewissen zu haben. Natürlich empfiehlt sich eine teilweise Abdeckung der Wasseroberfläche mit Schwimmpflanzen und eine gut schließende Deckscheibe, weil die Hechtkärpflinge gute Springer sind. Wenn sie erschrecken, versuchen sie, sich über die Wasseroberfläche hinaus zu retten.

Unser größtes Problem ist aber wohl die Ernährung. Man macht sich keine Vorstellung, welche Mengen Fische zwei oder drei erwachsene *Belonesox* im Laufe der Zeit verschlingen. Bestenfalls halbwüchsige Tiere kann man noch mit Mükkenlarven zufriedenstellen. Gelegentlich schafft man es auch, sie zur Aufnahme von Ersatzfutter zu bewegen. So nahmen die Tiere bei mir ab und zu angetaute Brocken Rinderherz, geschälte Garnelen und Muschelfleisch. Es konnte aber durchaus sein, daß sie dieses Futter am nächsten Tag wieder verweigerten. Man braucht also eine gutgehende Guppy- oder Platy-Zucht, um sie in ›Form‹ zu halten. Ich selbst verfütterte hauptsächlich junge Cichliden.

Blitzschnell werden die Beutefische geschnappt und mit den langen, spitzen Zähnen festgehalten. Das Foto von dem herauspräparierten Kiefer zeigt, daß es aus dieser Falle kein Entrinnen gibt. Faßt man die etwa acht Millimeter langen Kieferknochen unvorsichtig an, bohren sich die nadelspitzen Zähnchen sofort durch die Haut. Eine lebende Beute, die von diesen Zähnen erfaßt wird, ist hoffnungslos verloren. Das gilt auch dann, wenn der Hechtkärpfling den Beutefisch so

Paar des Hechtkärpflings *Belonesox belizanus* – unten das Männchen.

unglücklich geschnappt hat, daß er sich quer im Maul befindet und nicht verschluckt werden kann. Eine Weile bearbeitet der Räuber seine Beute mit den Zähnen und gibt sie dann unvermittelt frei. Halb bewegungsunfähig, versucht der Fisch zu fliehen, wird abermals gepackt und nun mit dem Kopf oder, was häufiger vorkommt, mit dem Schwanz voran verschlungen. Schon wenige Augenblicke später können die Hechte einen weiteren Fisch fressen.

Schon anderthalb bis zwei Zentimeter große, gerade geborene Jungfische, bewältigen ohne Umstände große Wasserflöhe und *Cyclops*. Vier oder fünf Tage später muß man ihnen kräftigeres Futter bieten, wenn sie sich nicht gegenseitig verschlingen sollen. Starke Tiere fressen schwächere von fast gleicher Größe, und es soll schon vorgekommen sein, daß erwachsene Weibchen die ihnen zugesellten Männchen hinunterwürgten.

Gut konditionierte Hechtkärpflinge züchten leicht. Trächtige Weibchen erkennt man an der fast ›eckigen‹ Körperform. Kurz vor der Geburt stellen sie das Fressen ein und ziehen sich ins Pflanzendickicht zurück. Bei der Geburt platzen die Eihüllen und geben die Jungfische frei, die den Mutterleib durch die deutlich angeschwollene Geschlechtsöffnung verlassen. Sofort streben sie der Wasseroberfläche zu und halten sich für eine kurze ›Verschnaufpause‹ oberhalb der Mutter auf, bevor sie sich auch vor ihr in Sicherheit bringen. Große Weibchen sollen alle 35 bis 40 Tage bis zu 100 Jungtiere gebären können.

Ich will nicht verschweigen, daß Aquariumstämme von *Belonesox belizanus* in der Regel kleiner bleiben als wild lebende Tiere. Der Grund dafür ist wohl das ständig knappe Angebot an geeigneter Nahrung. Dennoch ist die Art auch in Gefan-

Belonesox-Weibchen mit deutlich sichtbarer Bezahnung.

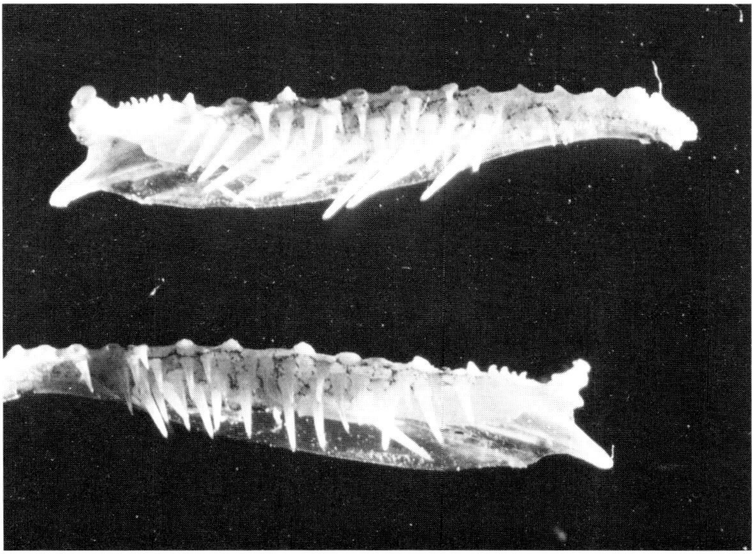

△ Präparierte *Belonesox*-Kiefer mit den eindrucksvoll langen und spitzen Zähnen.

Dieses *Belonesox*-Weibchen hat einen Cichliden gepackt. ▽

genschaft äußerst produktiv. Womöglich werden sogar zahlenmäßig mehr, wenn auch kleinere Jungfische geboren. So sollen in Freiheit geborene *Belonesox*-Kinder bei der Geburt 30 bis 35 Millimeter lang sein, im Aquarium zur Welt gekommene aber meist unter zwei Zentimeter messen. Gelegentlich treten auch Bauchrutscher auf, die bei genügend hohen Temperaturen (um 30 °C) jedoch ausbleiben sollen.

Es mag Leute geben, denen die Pflege derart spezialisierter Räuber ein Greuel ist und die es ablehnen, lebende Fische zu verfüttern. In letzter Konsequenz müßten sie dann aber auch das Verfüttern von *Artemia*-Nauplien und Wasserflöhen unterlassen. Dennoch muß man einen solchen Standpunkt respektieren, darf aber sicher auch darauf verweisen, daß es nur artgerecht ist, wenn man Fischfresser wie *B. belizanus* (auch) Fische erbeuten läßt. Aus Sensationslust und Freude am mörderischen Zeitvertreib wird hoffentlich niemand solche Fische pflegen...

Der größte Killi der Welt?

Lamprichthys tanganicanus

Zu Anfang der achtziger Jahre überschlugen sich die Berichte über einen Fisch, der unter den eierlegenden Zahnkarpfen gleich in mehrfacher Hinsicht etwas ganz besonderes ist. Ich meine *Lamprichthys tanganicanus,* den „Tanganjika-Leuchtaugenfisch“, den ich damals bei einem, der viel Geld dafür bezahlt hatte, erstmals zu Gesicht bekam und den irgendwann einmal zu pflegen ich mir fest vorgenommen hatte. Nun, mittlerweile ist es um diese prachtvolle Art ruhig geworden, was aber glücklicherweise nicht heißt, daß die Fische schon wieder verschwunden sind. Denn nachdem uns anfangs ausschließlich Männchen geschickt wurden, haben fernreisende Aquarianer genügend Weibchen beschafft, die Fische vermehrt und verbreitet, so daß die hübschen Kärpflinge nicht zuletzt durch Nachzucht für die Aquaristik erhalten geblieben sind.

Der Tanganjika-Leuchtaugenfisch ist offensichtlich der einzige Eierlegende Zahnkarpfen, der im Tanganjikasee lebt.

Dafür ist die Art entsprechend weit verbreitet: vom Kap Chipimbi (Kongo Point) bis Kap Chaltika und auch um die Malasa-Insel an der Küste von Tansania sind die ursprünglich von BOULENGER (1898) beschriebenen Fische weit verbreitet. Ich sollte vielleicht erwähnen, daß mit *Lamprichthys curtianalis* eine weitere Beschreibung (von DAVID, 1936) vorliegt, doch sieht man heute als sicher an, daß es sich dabei um ein Synonym zu *L. tanganicanus* handelt. Hinsichtlich der Größe, Form und Farbe sehen nämlich Männchen und Weibchen des Tanganjika-Leuchtaugenfisches deutlich unterschiedlich aus, und auch dominierende und unterlegene Männchen unterscheiden sich hinsichtlich ihrer Flossengröße ganz beträchtlich. So ist nur zu leicht verständlich, daß die Art doppelt beschrieben wurde.

Kehren wir noch einmal zum Geschlechtsdimorphismus zurück: Männliche *Lamprichthys tanganicanus* können 15 Zentimeter groß werden und dürften damit die größten Eierlegenden Zahnkarpfen überhaupt sein. Weibchen erreichen zwischen 11 und 12 Zentimeter Gesamtlänge. Sie sind weitgehend einfarbig metallisch blaugrün gefärbt, mit weißlichem Bauch und nahezu farblosen Flossen. Die Männchen dagegen besitzen auf dem ganzen Körper blaugrün schillernde Punktreihen und gelbe Tüpfel und feine Linien auf gelblichem oder bräunlichem Grund. Bei ihnen sind auch die Flossen kräftig gefärbt und getüpfelt. Aber auch die Größe der Rükken- und Afterflosse sind ein deutliches Anzeichen für das Geschlecht: Bei den Männchen sind sie großflächiger und höher, wobei man allerdings extrem hohe Flossen nur bei dominierenden Alpha-Männchen findet.

Wer sich in der aquaristischen Literatur umschaut, wird feststellen, daß es eine lange Diskussion darüber gegeben hat, ob *Lamprichthys tanganicanus* – was für Killifische außergewöhnlich wäre – ein Freiwasserbewohner ist. WILDEKAMP (1982) meint jedenfalls, daß es sich um eine pelagische Art handelt. Was dafür spricht, ist die langgestreckte Form und die elegante, wendige Schwimmweise dieser Fische, natürlich aber auch die Färbung, die vor dem blaugrünen Hintergrund des Freiwassers als gute Tarnung interpretiert werden kann. Anderen Aufsätzen ist aber zu entnehmen, daß die Art nicht zu den wirklich pelagisch lebenden Fischen zählt. So bemerkt

SEEGERS (1983), daß er die Art an mehreren Stellen des Sees, aber immer nur an Felsenküsten beobachten konnte, während sie seinen Beobachtungen zufolge nie über Sandboden und auch nicht im offenen See vorkommt. SEEGERS untermauert seine Angaben mit dem Hinweis darauf, daß die Fischer, die pelagische Fischschwärme nachts mit Karbidlampen anlocken und fangen, so gut wie nie *Lamprichthys* unter ihren Fischen haben. In diesem Zusammenhang ist es vielleicht auch interessant zu wissen, daß die Fischer von Sambia sie auch gar nicht fangen wollen, weil sie behaupten, daß sie bitter schmecken und sogar von Raubfischen verschmäht werden.
Dagegen schreibt EYSEL (1983), daß die Art an keinen charakteristischen Biotop gebunden ist, sondern sowohl über Felsen und Geröll als auch in sandigen Buchten und in den Übergangszonen angetroffen werden kann. Nach seinen Angaben wird auch keine bestimmte Wassertiefe bevorzugt, was allerdings nur für die Tagstunden und für erwachsene Tiere gilt. Nachts schlafen die *Lamprichthys tanganicanus* direkt unter der Wasseroberfläche und bilden, je jünger sie sind, um so größere ›Schlafschwärme‹, wozu sie ufernahe Bereiche aufsuchen.
Ein interessantes Kapitel ist auch die natürliche Ernährungsweise dieser Fische, die sich nach Meinung von WILDEKAMP (1982) womöglich nur deshalb zum Seebewohner entwickeln und als solche überleben konnten, weil bestimmte Mückenarten *(Chironomus* und *Goaborus),* die man populär auch „lake-flies" (Seefliegen) nennt, in Massen auftreten, so daß ihre Larven eine solide Nahrungsgrundlage für die Killis bilden. Im Aquarium kann man tatsächlich beobachten, daß sie jede Art Mückenlarven besonders gierig fressen und sich auch gern auf Anflugfutter stürzen. Ich selbst reiche nach diesbezüglich guten Erfahrungen meinen *Lamprichthys* mehrmals in der Woche zusätzlich eine größere Portion *Drosophila.*
Schon EYSEL (1984) verweist auf die flexible Lebensweise des Tanganjika-Leuchtaugenfisches und betont, daß er verschiedene Nahrungsangebote ausnutzt. Dabei soll Plankton eine bedeutende Rolle spielen, doch werden auch fels- und bodenbewohnende Insektenlarven genannt. In einem neueren Bericht von BÜSCHER (1988), der sich auf Freiland- und

Magenuntersuchungen stützt, werden vor allem Muschelkrebschen gefressen, die zwar Wasserflohverwandte sind, aber auf einem Substrat leben und nicht im offenen Wasser anzutreffen sind. Nach BÜSCHERS Aussagen kommen außerdem Detritus und Fadenalgen hinzu, die wohl ebenfalls von den Felsen gepickt oder abgezupft werden. Die Tatsache, daß in dieser Form auch pflanzliche Nahrung aufgenommen wird, ist von bisherigen Autoren wohl übersehen worden, für uns Aquarianer aber doch wichtig, da wir unseren Fischen oft auch Flockenfutter reichen, das zum Teil (oder auch ganz) auf pflanzlicher Basis hergestellt sein kann.
Ich selbst bin nie am Tanganjikasee gewesen und kann mich deshalb auch in die kontroverse Diskussion, inwieweit die Fische revierbildend oder sogar permanent standorttreu sind, nicht einmischen. Trotzdem lassen sich die veröffentlichten Feldbeobachtungen durch Feststellungen ergänzen, die bei der Aquarienhaltung gemacht wurden. So ist *Lamprichthys tanganicanus* nach meiner Auffassung stark zur Wasseroberfläche hin orientiert, denn mein Schwarm hielt sich, soweit die Tiere nicht auf Futtersuche oder mit Ablaichen beschäftigt waren, so gut wie immer im obersten Aquariendrittel auf. Ja, von den Männchen zu stark bedrängte Weibchen, die sich dem temperamentvollen Werben der Männchen offensichtlich entziehen wollten, drückten sich – möglichst in der Nähe eines verbergenden Hindernisses – eng unter die Wasseroberfläche. Andererseits orientieren sich die Tiere zur Futteraufnahme und zum Laichen nach unten, wobei vieles dafür spricht, daß felsiger Grund von ihnen bevorzugt wird.
Was das Laichen angeht, steht heute zweifelsfrei fest, daß die Tiere Substratlaicher sind, die sich in der Natur dicht an den steinigen Untergrund pressen, um ihre Eier in enge Gesteinsspalten zu drücken. Dabei passen sich die Tiere den Gegebenheiten insofern an, als sie sowohl in mehreren Metern Tiefe als auch nur wenige Zentimeter unter der Wasseroberfläche ablaichen, wenn nur der Kontakt zum Substrat gegeben ist.
Um die Tiere im Aquarium zu züchten, genügt es, flache Steine mehr oder weniger willkürlich und hin und wieder mit einem Sandkorn dazwischen aufeinander zu schichten, so daß möglichst viele enge Spalten entstehen. Bei professionellen Züchtern habe ich gesehen, daß sie Lochplatten aus PVC

verwenden, die sie als Laichsubstrat senkrecht ins Aquarium stellen und hin und wieder austauschen. Bei mir laichten die Fische aber auch an Topfkratzern aus Plastik, die ich als Filtersubstrat verwendete.
Wie man auch im Aquarium beobachten kann, lockt das Männchen seine Partnerin in die Nähe einer geeigneten Gesteinsspalte, die von beiden Partnern inspiziert wird. Dabei soll vertikalen Gesteinsspalten der Vorzug gegeben werden. Ob die Fische sie allerdings putzen, wie verschiedentlich vermutet wird, wage ich nicht zu sagen. Ich habe die Fische zwar häufiger beim Laichen beobachtet und auch fotografiert, doch sind ihre Bewegungen so schnell und hektisch, daß man kaum dazu kommt, sichere Feststellungen dieser Art zu treffen. Ich kann aber bestätigen, daß meine Männchen ihre Weibchen immer an zwei oder drei bestimmte Felsspalten lockten bzw. daß laichwillige Weibchen später von selbst diese Stellen anschwammen, um dort mit den Männchen zu laichen.
SEEGERS geht davon aus, daß erwachsene Männchen ein Revier besetzt halten, in dessen Zentrum sich oft ein größerer, verwinkelter und spaltiger Felsblock befindet. Dort werden die Weibchen angebalzt und zum Laichplatz gelockt. EYSEL dagegen räumt zwar ein, daß ein laichendes Paar mehrfach zur selben Stelle zurückkommt, verneint aber eine permanente Standorttreue. Er geht davon aus, daß der Aktionsradius der lebhaften *Lamprichthys* für eine solche reviergebundene Lebensweise viel zu groß ist. Natürlich bieten beengte Aquarienverhältnisse so gut wie keine Gelegenheit, derartige Vermutungen zu bestätigen oder zu widerlegen.
Eng aneinandergedrückt, mit leicht gekrümmtem Körper und unter orgastischem Zittern bleiben beide Partner beim Ablaichen zusammen, wobei jedes einzelne Ei mit einem deutlichen Ruck in die Felsspalte „geschossen" wird, so daß es weit in die Spalte hinein katapultiert wird und damit vor Nachstellungen anderer Fische recht gut geschützt ist. Man vermutet, daß die Treffsicherheit dadurch gewährleistet ist, daß das Weibchen seine Afterflosse beim Laichen zu einer Art Trichter faltet, der gewissermaßen als Zielvorrichtung wirkt.
Nach Beobachtungen verschiedener Autoren, die dem Tanganjika-Leuchtaugenfisch beim Ablaichen im See zusahen,

Jugendliches Paar Tanganjika-Leuchtaugenfische am Laichplatz.

werden viele Eier dennoch sofort von Cichliden gefressen, die sich regelrecht auf das Aufspüren der *Lamprichthys*-Eier spezialisiert haben. Einige dieser kleineren Cichliden-Arten, die wir als Aquarienfische kennen, besitzen deutlich sichtbare Zähne, so daß in der Vergangenheit häufiger vermutet worden war, daß sie damit die hartschaligen Panzer von irgendwelchen Kleinkrebsen knacken. Womöglich dient ihnen ihre Bezahnung aber auch zum Zerbeißen der ausgehärteten *Lamprichthys*-Eischalen.

Die großen Eier haben einen Durchmesser von fast drei Millimetern, kleben nicht und sind glasklar. Da sie anfangs noch weich sind, werden sie durch das Einpressen in den Laichspalt verformt und verhärten so, ohne dadurch Schaden zu nehmen.

Es ist sicher nicht verwunderlich, daß Killifisch-Eier eine lange Entwicklungszeit haben, und bei *Lamprichthys tanganicanus* sind die Laichkörner ja auch noch sehr groß. Wohl in Abhängigkeit zu den Wasserwerten kann ihre Reifezeit aber erheblich schwanken: Eysel nennt von der Eiablage bis zum Schlupf eine Zeitspanne von drei bis sechs Wochen, wobei die Entwicklung in hartem Wasser länger dauern soll als in weicherem. Da die Fische Dauerlaicher sind, also pro Tag und pro Weibchen nur einige wenige Eier absetzen, kann man auch bei der Zucht im Aquarium nur schlecht nachhalten, wie lange die Entwicklungszeit des einzelnen Laichkorns dauert.

Ich habe schon erwähnt, daß die Eischalen nach einigen Stunden verhärten, so daß man sie zwischen den Fingern rollen oder absammeln kann. Später, etwa nach dem dritten Tag, sehen sie dann leicht bernsteinfarben oder bräunlich aus. Nach einer Woche kann man den Jungfisch im Ei erkennen. Die Jungen schlüpfen schließlich in der Nacht und orientieren sich sofort zur Küste hin. Im Schutz der Dunkelheit finden sie sich im Flachwasser zu größeren Schwärmen gleichaltriger Jungfische zusammen. Direkt nach dem Schlupf sind sie bereits acht Millimeter lang und damit recht groß, aber doch sehr zerbrechlich. Der Vorderkörper ist kurz, der transparente Schwanzstiel langgestreckt. Auch im Aquarium orientieren sie sich sofort zur Wasseroberfläche hin, weshalb man sie am besten in Becken mit niedrigem Wasserstand heranzieht. Da sie sofort *Artemia*-Nauplien fressen, geht das Wachstum schnell voran, und bald nehmen sie ihr Futter auch vom Boden auf. Ich schätze, daß bereits halbjährige Tiere geschlechtsreif werden.

Ich selbst habe *Lamprichthys tanganicanus* als einen recht robusten Pflegling kennengelernt, der praktisch konstant herrliche Farben zeigt und sich willig vermehrt. Dabei waren

---

Rechte Seite:
Oben: Ein laichbereites Paar Tanganjika-Leuchtaugenfische *Lamprichthys tanganicanus* drückt sich gegen eine Gesteinsspalte.

Unten: Hier sieht man, wie das Ei seitlich in die Spalte gedrückt wird.

die Wasserbedingungen zu Anfang, als ich eine Gruppe Jungtiere heranzog, nicht einmal besonders günstig. Damals kam bei mir das Leitungswasser mit einer Gesamthärte von 7° und einer Karbonathärte von 6° (pH 7,2) aus der Leitung, was den Bedingungen im Tanganjikasee nicht entspricht. Dort hat man eine deutsche Gesamthärte von 10 bis 12°, eine Karbonathärte von 15 bis 18° und eine Leitfähigkeit um 600 µS gemessen. Der pH-Wert bewegt sich zwischen 7,5 und 9, die Temperaturen schwanken zwischen 26 und 29 °C. Trotzdem fühlten sich meine Tiere offensichtlich wohl und laichten ohne Umschweife ab, und die Jungfische schlüpften ohne Schwierigkeiten.

Ein kleines Problem will ich aber dennoch ansprechen. Ich glaube nämlich, daß *Lamprichthys tanganicanus* sehr empfindlich auf Altwasser reagiert. Wenn man den regelmäßigen Wasserwechsel vernachlässigt, quittieren es die Fische mit einer beunruhigenden Trägheit, wippen lustlos unter der Wasseroberfläche und stellen ihre munteren Jagereien ein. In einem späteren Stadium lassen sie die Schwänze hängen und taumeln mehr durch das Wasser als daß sie schwimmen. Teilwasserwechsel und gute Durchlüftung bringen die alte Lebensfreude aber im Nu zurück. Nach Beobachtungen im See und Angaben anderer Aquarianer scheint die Scheu der Fische gelegentlich ein Problem zu sein. Da sie vor allem auf plötzliche Veränderungen der Lichtwerte reagieren, wird das Ein- und Ausschalten der Aquarienbeleuchtung zur Schrecksekunde, so daß die Tiere panikartig durch das Aquarium schießen oder gar aus dem Wasser schnellen. Die Scheu vor dem Menschen verlieren sie aber schnell, lernen ihn kennen und als Futterspender schätzen. Spätestens beim Ablaichen vergessen sie alle Vorsicht und lassen sich nicht einmal durch Kamera und Blitz stören.

Unbeachtet und verleumdet:

Die Zwerge unter den Crenicichla

Vorurteile sind eine schlimme Sache. Einmal geäußerte Meinungen werden weitergeschleppt und verfestigen sich, ohne daß man versucht, eigene Erfahrungen zu machen. Das ist bedauerlich, zumal meist auch noch verallgemeinert wird. So scheint es auch bezüglich der aquaristischen Eignung der *Crenicichla* zu sein. Weil wir populär von „Hechtbuntbarschen" sprechen, verteufelt man sie. Dies ist aber doppelt ungerecht: Erstens bedingt eine räuberische Lebensweise noch lange keine Aggressivität, und zweitens kann man die *Crenicichla* nicht alle ›in ein und denselben Topf werfen‹. Es gibt nämlich kleine und große, mehr oder weniger räuberische Arten, und einige Arten sind meiner Meinung nach ausgesprochen empfehlenswerte, wenn auch bislang wenig beachtete Aquarienpfleglinge.

Zu diesen gehören mit Sicherheit die sogenannten „Zwerg-*Crenicichla*", die kaum mehr als zehn Zentimeter Gesamtlänge erreichen und keinen Schulterfleck, sondern lediglich einen (meist kleinen) Schwanzfleck tragen. Hinzu kommt ein länglich ausgedehnter Fleck hinter dem Auge, der bei unterdrückten oder noch jugendlichen Tieren häufig in ein breites Körperlängsband integriert ist. Männchen und Weibchen unterscheiden sich in der Regel durch die Färbung der Flossen. Meist erkennt man die Weibchen an einem oder mehreren Flecken in der Dorsale.

Nach dem heutigen Stand der Erkenntnisse scheint es so zu sein, daß es sich bei den Zwerg-*Crenicichla* um Fische aus Fließgewässern handelt, die am Rande des Guyana-Schildes und des brasilianischen Hochlandes ein meist enges Verbreitungsgebiet besiedeln, ohne allerdings morphologische Spezialisierungsmerkmale entwickelt zu haben. Insofern unterscheiden sie sich von den ausgesprochen rheophilen (strömungsliebenden) *Crenicichla,* deren Anpassung an Wildwasserbiotope schon an ihrem abgeflachten Kopf, an den hochstehenden Augen und an den kurzen, aber kräftigen und am Vorderrand verdickten Brustflossen (wie etwa bei *C. cyclostoma, C. jegui* und *C. cametana)* zu erkennen ist. In ähnlicher Weise unterscheiden sie sich von den Vertretern der von KULLANDER im Jahre 1988 aufgestellten Gattung *Teleocichla,* die gar als Bauchrutscher leben und meiner Einschätzung nach durchaus in eine eigene Gattung gehören, während sie PLOEG (1991) bei den *Crenicichla* unterbringen will. Dies halte ich für falsch, weshalb ich die *Teleocichla* hier ausklammere.

Demnach umfaßt die Gruppe der Zwerg-*Crenicichla* mindestens neun verschiedene Arten, von denen *Crenicichla notophthalmus* aus dem Einzugsgebiet des Rio Negro wohl die aquaristisch bekannteste ist. Von den schon 1913 durch REGAN beschriebenen Fischen liegen Exemplare bis zu einer Standardlänge (ohne Schwanzflosse) von etwa sieben Zentimetern vor. Ihr kleiner Schwanzfleck befindet sich auf der oberen Hälfte der Schwanzflossenbasis. Auffällige Augenflecke in der Rückenflosse, die ein Erkennungsmerkmal der Weibchen sind, erklären den wissenschaftlichen Artnamen. Es kann sich um einen oder mehrere, seitlich rot und oben und unten hell abgegrenzte, lackschwarze Kreisflecke handeln. Im vorderen Teil der Dorsale bilden eine himmelblaue und eine rötliche Zone eine Art Längsband, das sich bis zu diesem Fleck bzw. diesen Flecken zieht. Die Rückenflosse ist im vorderen Teil schwarz gerandet, doch geht der Saum dann ins Rote über, wobei er im hinteren Teil hell irisierend abgesetzt ist. Die beiden ersten Dorsalstacheln sind schwarz und nicht durch Flossenhäute verbunden. Diese Verbindung setzt in vollem Umfang erst nach dem fünften Hartstrahl ein. Der Rückenflossensaum wird durch den rot-türkis-roten Schwanzflossensaum im oberen Teil der Schwanzflosse gewissermaßen optisch fortgesetzt.

Über den grauoliven Rücken der Weibchen dieser Art ziehen sich zwölf dunkle Querbinden, von denen die erste etwa auf Höhe des vorderen Kiemendeckels sitzt und recht weit von der nächst folgenden Binde entfernt ist, die erst hinter den ersten Hartstrahlen der Rückenflosse plaziert ist. Die Körperseiten sind weißlich, zum Bauch hin gelb bis orangefarben. An der Schnauze beginnt ein dunkles Längsband, das aber sofort hinter dem im rückwärtigen Teil leuchtend roten Auge endet und bis zu einer intensiv gold-gelben Zone reicht, die die oberen Bereiche der Kiemendeckel schmückt.

Die zugehörigen Männchen haben keine Rückenflossenzeichnung, wenn man von den Flossensäumen absieht, aber auch bei ihnen sind die ersten Dorsalstacheln schwarz gefärbt und nicht durch Flossenhäute verbunden. Bei den Männchen wachsen die ersten vier Flossenstrahlen im Laufe der Zeit so aus, wie man das von den Männchen des Schmetterlingsbuntbarsches kennt. Eine solche Rückenflosse ist eine absolute Ausnahme in der Gattung *Crenicichla,* die aber in der wissenschaftlichen Literatur erst bei PLOEG (1991) erwähnt wird. Weitere Geschlechtsmerkmale der Männchen sind die gestrecktere Form, eine gerade Bauchlinie und eine größere Maximallänge, die bei dieser Art um zwölf Zentimeter beträgt.

Eine recht ähnliche Art ist *Crenicichla regani,* die PLOEG erst 1989 beschreibt. Ein von HASEMAN im Jahre 1911 als *C. dorsocellata* beschriebenes Tier scheint dieser Art anzugehören. Im Gegensatz zu den meisten anderen Zwerg-*Crenicichla* hat *C. regani* ein besonders großes Verbreitungsgebiet. Die Art besiedelt nach PLOEG „alle größeren Zuflüsse" zum Amazonas mit Ausnahme des Rio Negro, wo an ihrer Stelle *C. notophthalmus* vorkommt. So stammt das in wissenschaftlichen Instituten hinterlegte Material von *C. regani* aus dem Amazonas und dem Madeira, Solimões, Maués, Trombetas, Tocantins, Capim, Coari, Japura, Nhamundá, Purus, Tapajós, Tefé und Uatumá. In dieser Aufzählung fehlen der Xingú und der Araguaia, von denen letzterer allerdings mit dem Tocantins zusammenfließt. Ich darf sicher hinzufügen, daß ich die Art im oberen Araguaia-System selbst fangen konnte, womit sich die bekannten Verbreitungsgrenzen deutlich nach Süden ausdehnen.

Im Sommer 1988 schnorchelte und fischte ich im Rio das Mortes im nördlichen Mato Grosso in Brasilien. Der zwischen 200 und 300 Meter breite Fluß ist dort herrlich klar, führt ›blaues‹ Wasser und strömt stark. Sein Bett ist felsig und kiesig und besteht aus glatten Gesteinsbrettern und großen Geröllfeldern, die von sandigen Zonen unterbrochen werden. An den Ufern bilden lange Sandbänke immer wieder schöne Badestrände. Es war Juli und damit trotz herrlichen Sonnenscheins ›Winter‹, das Wasser entsprechend kalt: Wir maßen höchstens 22 °C, einen pH-Wert von 5,5 und fast keine Härte.

In ruhigen Wasserzonen entdeckten und fingen wir in Ufernähe die damals noch unbeschriebenen *C. regani,* konnten an die 20 lebende Exemplare mitbringen und feststellen, daß die Männchen weitgehend einheitlich gefärbt sind, die Weibchen aber nicht. Alle Jungtiere zeigen ein mehr oder weniger deutliches, breites braunes Längsband, das auch bei geschlechtsreifen Tieren häufig zu sehen ist. Vor allem die Weibchen behalten es in der Regel bei, während es bei den Männchen häufig verblaßt. Gelegentlich sieht man auch Tiere, bei denen das Längsband in der Körpermitte nur schwach, ansonsten aber deutlich ausgeprägt ist.

Männliche Tiere sind im Jugendstadium zunächst bräunlich, später am Rücken graubraun bis schiefergrau oder gar hellgrau, mit beigefarbenem Bauch und nur am Rücken angedeuteten Querbinden. Im Gegensatz zu anderen Arten treten sie bei Erregung nicht hervor, sondern verblassen, so daß der Fisch dann einfarbig hell aussieht. Die Flossen sind rotbraun oder ockerfarben. Die etwas trapezförmige Schwanzflosse schmückt an ihrem oberen Rand ein auffälliger, schneeweißer Strich, der individuell unterschiedlich ausgeprägt und in Flecke oder feine Tüpfel auslaufen oder aufgelöst sein kann. Außerdem ist die Schwanzflosse durchgemustert. Anale und Dorsale sind lang und spitz ausgezogen, wobei die ersten Stacheln der Rückenflosse und die zugehörigen Flossenhäute im Unterschied zu den Männchen von *C. notophthalmus* nicht verlängert sind. Der für *C. notophthalmus* typische ›Hahnenkamm‹ fehlt also.

Die kleineren Weibchen haben nach Angaben von PLOEG „einen Ocellus (Augenfleck) in der Dorsale“ bzw. „ein oder mehrere schwarze Ocelli mit weißem Saum“. Sie sollen von den Weibchen von *C. notophthalmus* so gut wie nicht zu unterscheiden sein. Dies mag für das bis dahin bekannte konservierte Material richtig sein. Für die von uns mitgebrachten Weibchen der Araguaia-Population gilt aber, daß Weibchen von ein und demselben Fundort völlig unterschiedlich aussehen können und daß nur sehr wenige weibliche Exemplare vorkommen, die einen weiß gerandeten, runden Augenfleck in der Dorsale haben. Im Handel fand ich ein Weibchen mit drei weiß gerandeten Flecken. Die von uns mitgebrachten Weibchen zeigen in der Regel mehrere (drei

Pärchen von *Crenicichla notophthalmus:* Deutlich ist der Flossenkamm des Männchens zu sehen.

oder mehr) schwarze Flecke, die meist im hinteren und unteren Bereich der gelblichen Dorsale angesiedelt sind und zwischen denen oft auch kleinere, weiße Flecke liegen. Darüber ist die Rückenflosse kräftig orange, oberhalb davon schwarz, dann breit weiß und noch einmal, zumindest im hinteren Bereich, fein schwarz gesäumt. In verschiedenen Fällen reicht die Fleckung der Dorsale bis ganz nach vorn, und gelegentlich laufen zwei oder mehr dunkle Flecke ineinander. Relativ selten sind Weibchen, deren Rückenflossenzeichnung aus einer kurzen, horizontalen Folge kleiner, schwarzer und weißer Flecke oder Tüpfel besteht, die alternierend angeordnet sind. Bei diesen Exemplaren ist die Grundfarbe der Dorsale einheitlich Gelb oder Orange. Dies gilt auch für Weibchen, deren schwarze Rückenflossenflecke zu einer völlig geschlossenen Zone verschmolzen sind, was etwas modifiziert auch für die weißen Elemente gilt, die eine Begrenzung bilden. Da die lackschwarze Zone nach unten hin unregelmäßig ausgewinkelt ist, ergibt sich eine Art Zickzackmuster. Im Ausnahmefall ist die gesamte Rückenflosse unterhalb des Saumes schwarz, was wegen des schneeweißen submarginalen Bandes außerordentlich hübsch wirkt. Nur an der Flossenbasis bleibt dann eine schmale gelbe oder orangefarbene Zone erhalten. Zwischen diesen beiden Farbzonen liegen kleine weiße und/oder schwarze Tupfen. – Bei allen Weibchen sind die Rücken- und die Afterflosse kurz. Die Schwanzflosse ist zwar wie bei den Männchen trapezförmig und kann an ihrem oberen Rand mit weißen Tüpfeln oder einer weißen Linie (gelegentlich sogar auf rotem Grund) geschmückt sein, ist aber nicht gemustert.

Einen völlig einfarbigen, bräunlichen Körper ohne Vertikalbinden besitzt ein Zwerg-Hechtbuntbarsch aus dem unteren Rio Tapajós, den KULLANDER 1990 als *Crenicichla urosema* beschreibt. Der Artname bedeutet soviel wie „Signalschwanz" und erklärt sich durch einen großen Schwanzwurzelfleck, der oval und vertikal ausgedehnt ist und schon aufgrund seiner Größe die Art gegenüber allen anderen beschriebenen Zwerg-*Crenicichla* auszeichnet. Anhand konservierter Tiere ist klar, daß man auch bei dieser Art die Geschlechter an der unterschiedlich gefärbten Rückenflosse erkennt: Bei den Männchen ist sie einfarbig grau, zum Rand hin etwas heller. Bei den Weibchen ist der vordere Teil braun, während der weiche Teil irisierend ausläuft und mit einem dunklen submarginalen Band geschmückt ist. Die Lebendfärbung dieser Fische ist bisher nicht bekannt.

KULLANDER weist in seiner Beschreibung darauf hin, daß die mit *C. urosema* am nächsten verwandte Art ein noch unbeschriebener Zwerg-Hechtbuntbarsch aus dem unteren Rio Xingú ist, von dem bisher nur Exemplare bis 47 Millimeter Standardlänge vorliegen. Bei dieser Art, die ich hier provisorisch *Crenicichla* spec. „Xingú" nenne, ist der Schwanzfleck ebenfalls groß, an seinem Vorder- und Hinterrand aber durch zwei helle Vertikalstreifen markiert. Außerdem besitzt diese

Art fein getüpfelte unpaarige Flossen, während gemusterte Flossen bei *C. urosema* offensichtlich nicht vorkommen.

Leicht zu erkennen ist wohl auch *Crenicichla heckeli,* die wohl kleinste Art dieses Formenkreises, die nur etwa 5,5 Zentimeter Standardlänge erreicht. Erst im Jahre 1989 wurde sie zusammen mit *C. regani* von PLOEG beschrieben. Die im Klarwasser des Rio Trombetas beheimateten Fische weisen neben deutlichen Körperbinden, deren stärkste Ausprägung etwa in der Körpermitte liegt, ein unübersehbares Flossenmuster auf: Die Schwanzflosse und der hintere Teil der Rücken- und Afterflosse sind mit schwarz-weißen, vertikalen Punktreihen geschmückt. Bemerkenswert ist, daß dieses Flossenmuster sowohl bei den Männchen als auch bei den Weibchen vorhanden sein soll. Deutliche Geschlechtsunterschiede sind nicht bekannt.

Einem ganz ähnlichen Flossenmuster begegnen wir bei *Crenicichla compressiceps.* Die von PLOEG im Jahre 1986 beschriebene Art, die im unteren Rio Tocantins endemisch ist, also nur dort vorkommt, erreicht nur etwa sechs Zentimeter Standardlänge und besitzt im männlichen Geschlecht gestreifte senkrechte Flossen, während die entsprechenden Flossenflächen bei den Weibchen normalerweise einfarbig sind. Die Grundfarbe der Flossen ist kräftig gelb, die feinen Flossenbinden der Männchen sind schwarz. Außerdem sind die Flossenränder bei beiden Geschlechtern schwarz eingefaßt.

Als wichtiges Merkmal dieser Art nennt Ploeg den zusammengedrückten Kopf, auf den der wissenschaftliche Artname anspielt. In Verbindung mit der aus seitlicher Sicht spitzen, von oben gesehen abgerundeten Schnauze ergibt sich ein engmäuliges Gesicht, das sich von dem der anderen Zwerg-Hechtbuntbarsche auffällig unterscheidet.

Schließlich muß man aber wohl auch auf die Rückenbinden hinweisen, die breit und braun sind und durch sechs bis sieben schmale helle Streifen voneinander abgegrenzt werden. Dabei schließen der erste und der zweite Streifen eine besonders dunkle Binde ein, weshalb PLOEG von einem seltsam geformten „Schulterfleck" spricht. Dies ist meiner Auffassung nach irreführend, zumal bei erregten Tieren auch die zweite Binde und der Bereich vor-der ersten Binde besonders dunkel sein kann.

Bestimmungsprobleme bereitet vor allem *Crenicichla wallacii* aus Guyana, wo die von REGAN schon 1905 beschriebene Art unter anderem im System des Rio Essequibo verbreitet ist. Die Art soll aber auch im Rio Branco in Brasilien vorkommen. Bisher sind Exemplare bis etwa 6,5 Zentimeter Standardlänge belegt.

Was das Aussehen betrifft, bestehen große Ähnlichkeiten zu *C. notophthalmus*, aber auch deutliche Unterschiede: So sind von *C. wallacii*-Weibchen aus dem Essequibo keine Dorsalflecke bekannt und bei den Männchen sind die ersten Rückenflossenstrahlen „normal“ verwachsen. Schwierigkeiten im Vergleich zu *C. notophthalmus* ergeben sich deshalb, weil weibliche Exemplare aus dem Rio Branco und dem Rio Rupununi manchmal eben doch Augenflecke in der Rückenflosse tragen. – Im übrigen scheint nun auch die Frage beantwortet, ob *C. nanus* eine gute Art ist: Schon 1990 ging KULLANDER davon aus, daß es sich bei dem ebenfalls von REGAN aufgestellten Taxon um ein Synonym von *C. wallacii* handeln könnte, was nun nach neueren Untersuchungen von PLOEG (1991) bestätigt wird.

Aber schon ergeben sich neue Probleme. Im Rio-Branco-System kommt nämlich nicht nur *C. wallacii* vor, sondern auch eine (1991) von PLOEG beschriebene neue Art, die *Crenicichla virgatula* heißt und im Rio Uraricoera gefunden wurde. Von dieser Art ist bislang nur die Färbung konservierter Tiere bekannt, die recht farblos und ohne auffällige Zeichnungsmuster zu sein scheinen. Erwähnt wird ein Körperlängsstreifen, der vor und hinter dem Auge besonders kräftig ist und auf den sich der wissenschaftliche Artname (gestreift) bezieht, ein kleiner Schwanzwurzelfleck, der vertikal etwas ausgedehnt ist, und schließlich ein schmaler dunkler Saum um alle unpaaren Flossen. Geschlechtsunterschiede werden nicht benannt.

Rechte Seite:

Oben: *Crenicichla* spec. „Orinoco“: Erregte oder aggressive Männchen dieser Art zeigen am Rücken deutliche Vertikalbinden.

Unten: Die Männchen von *Crenicichla regani* hellen im Gegensatz zu der unbenannten „Orinoco“-Art bei Erregung völlig auf.

Eine letzte, bisher unbeschriebene und deshalb noch namenlose Art fand ich im Frühjahr 1990 in Venezuela. Vorläufig könnte man von *Crenicichla* spec. „Orinoco" sprechen, da ich sie im Rio Caroni (pH 5,2; 1 °KH ; 1 °dGH; 29 °C) und in anderen, weiter westlichen Orinoco-Zuflüssen nachweisen konnte.

Da ich diese Art hier auch in Farbe abbilde, will ich mir eine Farbbeschreibung schenken, wohl aber auf die Nähe zu *C. notophthalmus* hinweisen. Auch bei dieser Art erkennt man nämlich die Weibchen an einem oder mehreren Augenflecken in der Rückenflosse, allerdings ist der vordere Teil der Rückenflosse der Männchen „normal" verwachsen. In Übereinstimmung mit *C. notophthalmus* und im Gegensatz zu *C. regani* treten bei aggressiv gestimmten Tieren die Querbänder, die nur bis zum Körperlängsband reichen, besonders kontrastreich hervor.

Nach meinen Beobachtungen verschiedener Zwerg-*Crenicichla* in ihrer Heimat leben sie nicht bevorzugt in der Strömung. Dies gilt trotz der Tatsache, daß sie ausgesprochene Klarwasserbewohner sind, wobei ich auch Schwarzwasser als Klarwasser anspreche, und daß sie in Flüssen vorkommen, die die Berge kaum hinter sich haben und vielfach sehenswerte Stromschnellen und Wasserfälle bilden. In diesen Flüssen suchen sie aber ruhigere Bereiche auf. Im Rio das Mortes besiedelt *C. regani* Ausbuchtungen mit weiten Sandflächen und verstreutem Geröll, zwischen dem die Zwerg-Hechtbuntbarsche ihre Laichhöhlen und Verstecke finden. Sie nehmen aber auch künstliche Bruthöhlen an: So fand ich ein Paar, daß das rostige Rohr eines Fahrradlenkers bezogen hatte!

Im Orinoco-Einzug war *C.* spec. „Orinoco" besonders im Gurisee, also im gestauten Wasser des Rio Caroni häufig, wo die Tiere paarweise mit ihren Jungen in ganzen Kolonien über endlosen und dichten „Wäldern" feinblättriger Wasserpflanzen standen. Hier fragte ich mich, wo sie denn wohl laichen, denn der eigentliche Gewässergrund bestand aus festem, mit Detritus „verbackenem" Sand. Daß sich die Tiere hier samt ihrer Bruten sicher fühlen konnten, war keine Frage: Bei meiner Annäherung tauchten die Jungen nahezu unmerklich ab und verschwanden in den Pflanzen. Die Alttiere selbst schossen erst im letzten Moment nach unten ins Grün.

Im südwestlichen Venezuela, in kleinen Flüssen, die die Straße nach Puerto Ayacucho kreuzen, traf ich dieselbe Art über Laubablagerungen. Die Laubschichten sind stellenweise 20 Zentimeter hoch und bieten damit ähnliche Möglichkeiten zum „Untertauchen" wie dichte Pflanzenbestände. Steine gibt es kaum, so daß ich annehme, daß die Zwerghechte dort unter Pflanzenblättern laichen. Übrigens veröffentlichte RAINER STAWIKOWSKI Fotos von stehenden Flachwasserbereichen voller abgestorbener Zweige, zwischen denen sich ebenfalls Zwerg-*Crenicichla* verbargen.

Alles in allem kann man sagen, daß diese Zwerghechte zwar ein hohes Schutzbedürfnis haben, andererseits aber sehr anpassungsfähig zu sein scheinen, was die Art der Deckungsmöglichkeiten angeht. Hinsichtlich der Ansprüche, die sie an das Wasser stellen, wenn eine Zucht Erfolg haben soll, sieht das ganz anders aus. Dies gilt für alle Arten, die ich bislang gepflegt habe. Einige laichten nicht einmal, bei anderen ergab sich das Problem, daß die Jungfische in meinem Leitungswasser (früher 7 °dGH; 6 °KH; pH 7,2, heute 14 °dGH; 11 °KH, pH 7,4) nicht schlüpften und die Eier abstarben. Dies jedenfalls waren meine Erfahrungen mit *C. wallacii*(?) und *C. notophthalmus,* als sich schließlich bei meinen aus Brasilien mitgebrachten *C. regani* erste Hochzeitsvorbereitungen ankündigten.

Eines Tages wurden die Männchen von den Weibchen angebalzt: Bei S-förmig gekrümmtem Körper und bis zum Zerreißen gespannten Flossen wurde der beige- oder rosafarbene Bauch vorgestreckt, bis das Männchen die Werbung durch Flossenspreizen und Umschwimmen erwiderte. Schon bald wurde diese Balz durch wechselseitiges Führungsschwimmen zu einer Höhle mit engem Schlupfloch unterbrochen, die dann beide Partner inspizierten. Es kam aber nur selten und auch nur kurzzeitig vor, daß sich beide Fische gemeinsam in der Höhle aufhielten. Außerdem waren die Weibchen häufiger in der Höhle als die Männchen, die auch im Aquarium – soweit das überhaupt möglich ist – weite Wege gehen und das spätere Brutrevier immer wieder durchstreifen.

Wegen der schon angesprochenen Erfahrungen und der im Rio das Mortes festgestellten Wasserwerte rechnete ich hinsichtlich der Zucht mit größeren Schwierigkeiten und war deshalb angenehm überrascht, als bei einem meiner beiden verpaarten Weibchen schon bald die Geschlechtspapille deutlich hervortrat. Sie war kurz, stumpf und etwas nach vorn gebogen, während die spitze Papille des Männchens nach hinten gerichtet war. Schon einen Tag später laichten die Tiere bei 25 °C (8 °dGH, 6 °KH, pH 7,2) an der Höhlendecke ab. Die weißlichen, polhängenden Eier waren beim vorsichtigen Anheben der Höhlendecke sofort zu erkennen. Das Weibchen stand darunter und machte sofort Anstalten, meine Finger anzugreifen. Ich war fast ein wenig erstaunt über solchen Mut, entschied mich dann aber doch, das Gelege wegzunehmen und künstlich zu erbrüten. Also überführte ich die Eier in teilweise enthärtetes Wasser (3 °dGH, 6 °KH, pH 7,2), plazierte einen feinperligen Ausströmerstein unter dem Gelege und gab etwas Methylenblau hinzu (dieses muß mit Vorsicht eingesetzt werden – Herstellerhinweise und Gebrauchsanweisung beachten; Zugang für Unbefugte verhindern; Vergiftungsgefahr beim Verschlucken). Die Laichhöhle deckte ich mit einem ähnlich geformten „Dachstein" ab, worauf sich das Weibchen noch mehrere Stunden in der Bruthöhle aufhielt, bevor es den Verlust der Eier endgültig ›begriffen‹ zu haben schien und sich vorübergehend vor dem Männchen versteckt hielt.

Die in der Folgezeit verpilzenden Eier suchte ich täglich ab und war erstaunt, daß es nur so wenige waren. Die übrigen entwickelten sich in drei Tagen so weit, daß die Larven schlüpften. Da das Gelege von der Durchlüftung umspült wurde, gelangten die Larven ohne Schwierigkeiten aus den Eihüllen und lagen dann weitere vier Tage zappelnd am Boden, bevor sie als gestreckte Fischchen ihre ersten reflexartigen Schwimmbewegungen ausführten. Genau genommen lagen sie nach wie vor am Grund, schossen aber bei Erschütterungen oder plötzlichem Anleuchten mit einer Taschenlampe auf, ohne dabei zu ›trieseln‹, wie das noch nicht voll entwikkelte Jungfische tun. Ihr Futter nahmen sie aber noch lange Zeit in der Weise auf, daß sie an einem Substrat (in der Regel dem Glasboden des Aquariums) entlangrutschten und dort nach Futter schnappten. Ihre Ernährung machte mit lebenden Artemia-Nauplien überhaupt keine Schwierigkeiten. Später verfütterte ich aber auch Teichfutter (Hüpferlinge, Daph-

Weibchen von *Crenicichla regani* aus dem Rio das Mortes, Mato Grosso, Brasilien.

nien), gefrostete erwachsene *Artemia*, gelegentlich Grindalwürmer und schließlich Schwebegarnelen. Das Wachstum der Jungfische ging erstaunlich schnell voran. Schon nach drei Monaten waren die ersten Exemplare über vier Zentimeter lang.

Meine Tiere laichten mehrfach, wobei ein Paar, das sich einmal gefunden hatte, auch dann zusammen blieb, wenn andere Weibchen im Becken waren. Ähnliche Beobachtungen machte W. WINISCH: Er schreibt, daß er zu einem Paar ein weiteres Weibchen setzte, das sofort mit der Balz begann. „Das Männchen antwortete mit Kopfzucken." Dann kam das alte Weibchen und balzte ebenfalls, imponierte aber auch vor dem neuen Weibchen und begleitete es mit gespannten Flossen aus dem Revier. Bei mir folgte am Ende einer solchen ›Eskortierung‹ immer noch ein plötzliches Verjagen, ohne daß das verfolgende Weibchen hartnäckig nachsetzte oder seine Konkurrentin gar verletzte. Immerhin lebten bei mir über längere Zeit ein Männchen und drei *C.-regani*-Weibchen in einem 80-Liter-Becken, ohne daß eines der Tiere zu Schaden kam. Es laichte aber immer nur ein bestimmtes Weibchen ab.

Meine Tiere laichten mehrfach, und so versuchte ich später, die Eier bei den Eltern zu lassen, was in allen Fällen zum Verlust der Brut führte. Meines Wissens verschwanden die Eier immer vor dem Schlupf der Larven, oder aber das Gelege verpilzte total. Als ich nach ein paar Fehlversuchen wieder einmal ein Gelege wegnahm und es ganz bewußt im harten Laichwasser beließ, schlüpften ganze zwei Jungfische, die sich später als Weibchen entpuppten. Auf eine erfolgreiche natürliche Zucht mit ständiger Betreuung durch die Alttiere kann man bei den meisten Zwerg-*Crenicichla* wohl nur hoffen, wenn man die Fische in extrem weichem Wasser pflegt und den pH-Wert entsprechend einstellt.

Bei Arten, die nicht aus Schwarzwasser stammen, scheint der pH-Wert allerdings von geringerer Bedeutung zu sein. Das jedenfalls scheinen Zuchtversuche von W. WINDISCH mit *C. regani* und von J. FREYHOF mit *C. wallacii* (?) zu bestätigen. Letzterer verwendete vollentsalztes Wasser mit einem Leitwert von 10 bis 15 Mikrosiemens. Nach Filterung über Torf pendelte sich der pH-Wert auf 4,5 ein, und schon bald laichten die Tiere in einer umgestülpten Kokosnußschale. Die Entwicklung bis zum schwimmfähigen Jungfisch dauerte 11 Tage. Die Kleinen waren etwa sieben Millimeter lang und von milchig-weißer Farbe. Nach knapp sieben Wochen hatten sie eine Gesamtlänge von 2,5 Zentimetern erreicht.

Womöglich gilt das, was ich bisher über die Zucht geschrieben habe, nicht für alle Arten dieses Formenkreises, zumindest nicht für *C. compressiceps*. Von dieser Art pflege ich erst seit kurzem ein Paar, das mir ULRICH MINDE aus den Tocantins mitbrachte, wofür ich ihm herzlich danke. Diese Fische scheinen mir nicht nur vom Aussehen (Kopf- und Maulform, Körper- und Flossenfärbung) von den übrigen Arten abzuwei-

△ Weibchen von *Crenicichla compressiceps*.

Weibchen einer noch nicht bestimmten *Crenicichla*-Art aus dem Rio Branco. ▽

chen, sondern auch im Verhalten. Der balzende Partner ist nämlich das Männchen, nicht das Weibchen, dem ja auch die Signalfarben fehlen. Außerdem scheint sich der Laich von *C. compressiceps* auch in härterem Wasser zu entwickeln. Jedenfalls führte ein Paar, das sich STAWIKOWSKI mitbrachte und in nicht aufbereitetem Wasser pflegte, eines Tages überraschend einen Schwarm Jungfische.

Zum Schluß will ich die Ernährung der Zwerg-*Crenicichla* ansprechen. Sowohl FREYHOF als auch WINDISCH vertreten die Ansicht, daß man diese Zwergbuntbarsche wenigstens ab und zu mit kleinen Fischen füttern sollte, weil sie analog zu den Futterpräferenzen großer *Crenicichla*-Arten auch die kleinen für Fischräuber halten. Ich bin da anderer Meinung und glaube, entsprechende Belege anführen zu können. Zunächst einmal sehe ich die Hundszähne, die W. WINDISCH bei seinen Zwerg-*Crenicichla* ausmachen will, bei keiner der von mir momentan gepflegten vier Arten. Von *C. wallacii* (?) habe ich vor ein paar Jahren die Zähne sogar fotografiert: Hundszähne sind auf dem Bild nicht auszumachen. Weiterhin halte ich meine *C. regani* und die *C.* spec. „Orinoco" in Gesellschaft kleiner Kärpflinge, deren Männchen bestenfalls 3,5 Zentimeter lang und schlanke Fische sind. Die *Crenicichla* behelligten sie nie!

Schließlich will ich noch auf das enge Maul der *C. compressiceps* hinweisen, das mir für meine Argumentation so recht ›in den Kram paßt‹. Freilich – behaupten kann man viel, bewiesen ist nichts. Noch liegen keine Magenuntersuchungen von diesen Zwergarten vor. Dennoch vermute ich, daß sie eher Kleingetier fressen, als daß sie sich an Fischen vergreifen. *C. compressiceps* dürfte sein Futter sogar aus feinen Felsspalten herauspicken.

Die Zwerg-Hechtbuntbarsche sind es wert, daß wir ihr Verhalten studieren und mehr über ihre Lebensweise herausfinden. Sie alle sind wunderschöne Fische, die durch herrliche Balzspiele und harmlose Rangeleien unsere Aufmerksamkeit fesseln, und wenn uns in Zukunft das nötige „Know-how" zur Verfügung steht, sie durch Nachzucht zu erhalten, dürfen wir uns auf die noch unentdeckten Arten dieses Formenkreises, die laut KULLANDER durchaus zu erwarten sind, doppelt freuen.

Farbwunder aus Neuguinea und Australien:

Blauaugen und Regenbogenfische

Schillernde Farben, glitzernder Schuppenglanz und extravagante Flossenformen sind die Kennzeichen der Blauaugen- und Regenbogenfischverwandtschaft aus Neuguinea und Australien, deren Vertreter nach und nach auch bei uns bekannt werden und bereits viele Freunde gefunden haben. Zum Teil sind sie bereits in einer „Regenbogenfisch-Gesellschaft" organisiert. Viel Werbung haben diese Fische nicht nötig: Wegen ihrer Schönheit, ihrer Friedfertigkeit und Toleranz gegenüber Pflanzen scheint ihre aquaristische Verbreitung kaum aufzuhalten. Doch halt: Nicht alle sind einfach zu pflegen und zu züchten, weil vielfach nur spärliche, manchmal widersprüchliche (oder gar keine) Angaben über ihre Ansprüche vorliegen. Noch sind es selten gepflegte, ausgefallene und manchmal gar heikle Fische.

Laichende Sonnenstrahlfische *Telmatherina ladigesi*.

Seit vielen Jahren kennen wir den „Kleinen Ährenfisch" *Bedotia geayi,* der trotz seines deutschen Namens 15 Zentimeter lang wird, aus Madagaskar stammt und ein hübscher Schwarmfisch ist. Später kamen die mit sieben Zentimeter ausgewachsenen „Segelfische" *Telmatherina ladigesi* hinzu, die man wegen der ausgezogenen Flossenfäden der Männchen, die bei der Balz weit abgespreizt werden, und wegen ihrer Goldfärbung auch „Sonnenstrahlfische" nennt. Ihre Heimat ist Sulawesi, früher Celebes.

Zur wichtigsten Konkurrenz dieser Ährenfische sind inzwischen die *Pseudomugil* aus Australien und Neuguinea avanciert, wozu man sicher erklären muß, daß seit einer Revision von SAEED, IVANTSOFF und ALLEN (1989) die *Pseudomugil* und die *Kiunga* in der Familie der Pseudomugilidae zusammengefaßt werden und daß die früheren *Pseudomugil, Popondetta* oder *Popondichthys* nun alle *Pseudomugil* heißen. Populär wird man wohl (etwas verallgemeinernd) von „Blauaugen" sprechen.

Die *Pseudomugil* sind schwimmfreudige, kleine Fischchen mit schlankem Körper, ohne harte Stacheln in der Rücken- und Afterflosse, mit wenigen Wangenschuppen und einem sehr kleinen Maul, dessen Kiefer vorgestreckt werden können. Ihre Brustflossen sind kurz und vergleichsweise waagerecht angesetzt. Ihre Nähe zu den Regenbogenfischen wird vor allem durch die Kieferstruktur und die Bezahnung deutlich. Die vielen Arten dieser Gattung leben vor allem an der nördlichen und östlichen Küste Australiens und in ganz Neuguinea. Von dort sind auch Neuentdeckungen zu erwarten, was vor allem für den westlichen Teil des Landes vermutet wird. Die Fische kommen sowohl in stehendem und langsam fließendem Süßwasser als auch in Brackwasser (bis hin zu reinem Seewasser) vor, was übrigens auch für einzelne Arten gilt.

Von den „eigentlichen" *Pseudomugil* will ich hier nur genauer auf *Pseudomugil signifer* eingehen. Die bis fünf Zentimeter große Art lebt in Australien und besiedelt jedes Wasser, wobei sie im Brackwasser am häufigsten zu sein scheint. Die in ihrer Heimat ermittelten Wasserwerte sprechen für sich: Die Temperaturen reichen von 15 bis 28 °C, die pH-Werte

Männchen von *Pseudomugil signifer*.

von 5,5 bis 7,8. Es gibt unterschiedlich gefärbte Populationen (mit weißlichen oder weißblauen und mit gelben Flossen), aber auch solche mit besonders lang ausgezogenen Rücken- und Afterflossen.

Auch diese Fische kann man in kleinen Aquarien pflegen und züchten, wobei man sie paarweise oder in Kleingruppen zur Zucht ansetzen kann. Da sie Dauerlaicher sind, muß man sie im Zuchtbecken (am besten mit nicht zu großem Lebendfutter) füttern. Als Laichsubstrat verwendet man wie für alle anderen hier besprochenen Fische am besten Javamoos. Die etwa 1,8 Millimeter großen und schon wenige Stunden nach dem Ablaichen verhärteten Eier kann man mit den Fingern ablesen und in ein separates Becken überführen. Bei Temperaturen von 22 bis 24 °C dauert es allerdings an die 20 Tage, bevor die Jungfische schlüpfen.

Zu den *Pseudomugil* stellt man inzwischen auch die früheren *Popondetta,* deren Gattungsname vorübergehend in *Popondichthys* geändert worden war, weil schon eine Käfergattung *Popondetta* heißt. Von den übrigen *Pseudomugil* unterscheiden sie sich durch mehr Flossenstrahlen in der Afterflosse, die auch weiter vorn ansetzt. Die beiden bislang bekannten Arten *Pseudomugil conniae* und *Pseudomugil furcatus* sind nur vom östlichsten Zipfel Papua-Neuguineas bekannt, wo sie klare Regenwaldbäche bevölkern. Sie scheinen weder Fließwasserbereiche noch stehende Wasserflächen zu meiden, leben in Schulen von 30 oder gar mehr Tieren und ernähren sich von winzigem Anflugfutter, kleinen Krustentieren und Algen.

Die Geschlechter sind bei beiden Arten durch die intensivere Färbung der Männchen, deren verlängerte erste Rückenflosse und an der Körperform leicht zu unterscheiden. Im Unterschied zu *P. furcatus* besitzt *P. conniae* keine schwarzen äußeren Schwanzflossenränder. Unter Aquarienpopulationen von *P. furcatus* sind inzwischen vereinzelt Exemplare mit unregelmäßig verlängerten Rücken- und Afterflossen aufgetaucht.

Beide Arten werden um fünf Zentimeter groß und sollten in der Gesellschaft ähnlich schwimmfreudiger, kleiner und friedfertiger Arten gehalten werden. Die Zucht gelingt sowohl bei paarweisem Ansatz als auch in der Gruppe. Die Tiere laichen (wie übrigens alle Blauaugen und Regenbogenfische) am Morgen oder nach dem Einschalten der Beleuchtung, sind Dauerlaicher und wahre Schwimmakrobaten. Wenn es darum geht, einem anderen Männchen die Schau zu stehlen und einem Weibchen den Hof zu machen, kennt ihr Temperament keine Grenzen. Schade ist nur, daß man der hektischen Balz mit dem ständigen Auffalten der Flossen kaum mit den Augen folgen kann. Die in feinen Pflanzen abgesetzten Eier hängen an winzigen Fädchen und brauchen bei 25 bis 28 °C 15 bis 20 Tage bis zum Schlupf der Jungen, die man mit feinstem Futter anfüttern muß.

Nicht zu den „Blauaugen", sondern zu den eigentlichen Regenbogenfischen und damit zu den nun folgenden Vertretern der Familie Melanotaeniidae gehört *Iriatherina werneri.*

Männchen von *Pseudomugil furcatus.*

Als einzige Art ihrer Gattung wurde sie im Jahre 1974 von MEINKEN beschrieben. Sie kommt an der nördlichsten Spitze der Cape York Halbinsel in Australien im Jardine System und in einem direkt ›gegenüberliegenden‹ Gebiet des südlichen Neuguinea (eigentlich: Irian Jaya) zwischen den Flüssen Fly und Merauke vor. Dort besiedelt sie das sumpfige Tiefland und lebt in stark verkrauteten stehenden Gewässern und mäßig fließenden Bächen, die häufig von Wasserlilien gesäumt sind. Das Wasser kann sowohl leicht sauer als auch alkalisch sein, seine Leitfähigkeit soll um 1000 Mikrosiemens liegen. Die Temperaturen schwanken zwischen 24 und 28 °C.

Die kleinen, höchstens vier Zentimeter großen Fischchen wirken äußerst zerbrechlich, sind aber ausdauernde Pfleg-

linge. Ich empfehle allerdings, sie unter sich oder mit kleineren „Blauaugen“ gemeinsam zu halten, weil sie nur dann ihre ganze Schönheit zeigen. Vor allem der Tanz rivalisierender Männchen und ihre Balz vor den Weibchen sind ein begeisterndes Schauspiel. Die Tiere sind Dauerlaicher, die über einen Zeitraum von etwa 10 Tagen jeweils ein paar Eier absetzen. Da sie weder Eier noch Jungfische fressen, kann man ständig Laichkörner absuchen oder Jungfische abschöpfen, deren Aufzucht allerdings nur mit feinstem Trockenfutter oder lebendem Staubfutter (Rädertierchen) gelingt.
Noch fast völlig unbekannt ist *Rhadinocentrus ornatus,* was eigentlich verwundert. Immerhin liegt das Hauptverbreitungsgebiet dieser Fische gar nicht weit von Brisbane entfernt, der Hauptstadt Queenslands an der Ostküste Australiens. Insgesamt gesehen ist ihr Vorkommen auf einen schmalen Küstenstreifen von etwa 450 Kilometern Länge und einige flache Sandinseln beschränkt. In aller Regel bewohnen die Fische wenig fließende Wasserläufe, Tümpel und Teiche, wobei sie offensichtlich eine Vorliebe für saures Schwarzwasser haben, das allerdings immer klar ist. Die Temperaturbereiche schwanken zwischen 20 °C und 28 °C, der pH-Wert von 5,4 bis 6,5.
Rhadinocentrus ornatus ist die einzige Art dieser Gattung und geht auf REGAN, 1914, zurück. Während die Weibchen nur 3,5 Zentimeter lang werden und recht unscheinbar sind, erreichen männliche Tiere Längen um fünf Zentimeter. Sie sind auch deutlich hübscher gefärbt, wobei man eigentlich nicht von Farbe, sondern einem farbigen Körper- und Flossenglanz sprechen sollte. Es gibt zwei Farbformen, die allerdings vermischt und nicht räumlich getrennt leben: Eine besitzt weinrot schimmernde Flossen, die andere bläuliche.

Schließlich soll aber auch noch von ›typischen‹ Regenbogenfischen die Rede sein, denen ich 1983 verfiel, als ich zum ersten Mal ein Foto von *Melanotaenia boesemani* sah. Ich besorgte mir die Art, kaufte andere dazu, verfolgte die Literatur. Dort spiegelten sich meine Beobachtungen und Schwierigkeiten mit diesen Fischen allerdings nur bedingt wider, so daß ich mich mit meinen Problemen weitgehend alleingelassen sah: Vielfach wurden Allgemeinplätze breitgetreten, konkrete Aussagen fehlten. Waren sie vorhanden, entdeckte ich

△ Männchen von *Iriatherina werneri:* Die Art gehört zu den

Regenbogenfischen. Männchen von *Rhadinocentrus ornatus.* ▽

nicht selten Widersprüche zu Angaben anderer Autoren. Im einen oder anderen Fall war ich auch von den Bildern enttäuscht, weil ›irgendwann‹ fotografierte Tiere bestenfalls einen ungefähren Eindruck von der jeweiligen Art vermitteln und nicht der Schönheit ausgewachsener Exemplare gerecht werden, die man unter angemessenen Bedingungen pflegt und die optimal gestimmt sind.

Ich kann hier aus Platzgründen nur von einigen Regenbogenfischen berichten und muß auch unter denen auswählen, die ich selbst gepflegt habe. Deshalb stelle ich nur Arten vor, die in Neuguinea beheimatet sind. Der östliche Teil dieser Insel ist heute unabhängig und heißt jetzt Papua-Neuguinea, während der westliche Teil, der früher holländische Kolonie war und jetzt unter indonesischer Abhängigkeit steht, den Namen Irian Jaya trägt. Hauptstadt ist Jayapura, am Lake Sentani gelegen, dessen Fischfauna während der ersten zwei Jahrzehnte dieses Jahrhunderts insbesondere von holländischen Naturwissenschaftlern untersucht wurde, während das übrige Land in dieser Hinsicht auch heute noch weitgehend unerforscht ist. Dies gilt trotz der Tatsache, daß Dr. GERALD R. ALLEN, ein amerikanischer Ichthyologe, Forscher und Abenteurer, in den letzten Jahren unser Wissen über die „Rainbows" Neuguineas derart erweitert hat, daß sogar das Standardwerk über diese Fische, das er gemeinsam mit NORBERT J. CROSS geschrieben hat, in Teilbereichen heute schon wieder überholt ist.

Die Arten, auf die ich mich hier beziehe, sind zum Teil schon länger bekannt – so vor allem *Glossolepis incisus,* den man populär als Lachsroten Regenbogenfisch bezeichnet und der aus dem Sentanisee südlich von Jayapura stammt; dann die schon erwähnten *Melanotaenia boesemani* aus den Ajamaruseen im Zentrum der Vogelkop-Halbinsel und aus dem etwas weiter südlich gelegenen Aitinjosee. Schon etwas unbekannter ist *Chilatherina fasciata* von der nördlichen Küste Neuguineas, wo die Art (von Ost nach West) im Markham River und im Wanamsee bei Lae, im Ramu und Sepik bis hin zum Mamberamo River vorkommt.

Eine weitere Art verdanke ich meinem Drang, Jungfische zu kaufen, die ich zwar nicht kenne, die ich aber als „vielverspre-

Männchen von *Glossolepis incisus:* Die Rotfärbung zeigt, ob sich die Fische wohlfühlen.

chend" und „entwicklungsfähig" einstufe. So brachte ich aus dem Ruhrgebiet einen unter dem Phantasienamen „*Melanotaenia coatesi*" gehandelten Regenbogenfisch mit, der später prachtvoll ausfärbte. Ja, ich halte ihn sogar für einen der schönsten Regenbogenfische überhaupt! In der Zeitschrift der Internationalen Gesellschaft für Regenbogenfische (IRG) 3/1988 fand ich dann Informationen über diesen Fisch, die auf Dr. ALLEN zurückgehen und besagen, daß es sich um eine Lokalform von *Melanotaenia affinis* handeln soll, die aus dem Sepik River stammt und in der Nähe eine Dorfes mit Namen Pagwi gefunden worden ist, so daß man vom „Pagwi-Regenbogenfisch" sprechen könnte. Aber auch zwei häufiger gepflegte „Hochlandarten" aus dem Südosten Neuguineas will ich erwähnen, nämlich *Melanotaenia herbertaxelrodi* aus dem Lake Tebera und zumindest einem seiner Zuflüsse, sowie den „Aquamarin-Regenbogenfisch“ *Melanotaenia lacustris* aus dem Kutubusee im Einzugsgebiet des Kikori River.

Doch nun zu meinen Erfahrungen und Meinungen, aus denen man vielleicht lernen kann, und deren Aufzählung mit einer abgedroschenen Weisheit beginnt: Regenbogenfische sind nicht einfach schön und farbenprächtig, sondern Farb-Indikatoren ihres eigenen Zustandes und Wohlbefindens. Wirklich schön können sie auch erst sein, wenn sie ausgefärbt und ausgeformt sind, was in bezug auf die meisten Arten bedeutet, daß man ihre eigentliche Pracht erst im dritten Lebensjahr bewundern kann. Wenn ich auf die Form hinweise, dann vor allem wegen der *G. incisus* und der *M. lacustris,* bei denen zumindest die Männchen immer hochrückiger werden, bis der kleine, spitze Vorderkopf mit den großen Augen wie ein Fremdkörper wirkt.

Männchen von *Chilatherina fasciata.*

△ Jugendliches Männchen von *Melanotaenia boesemani.*

Melanotaenia boesemani: Pärchen beim Laichen. ▽

Das Aussehen der Fische ist aber auch noch von vielen anderen Faktoren abhängig, von denen man die meisten beachtet, einen aber häufig übersieht: die Tageszeit. Nachmittags oder abends sind die Tiere meist nur ein Abklatsch dessen, was sie morgens sind, wenn das erste Licht ins Aquarium fällt, zumal wenn es sich um Sonnenlicht handelt. Ja, man kann von „Morgenfischen" sprechen! Morgens erwacht mit ihrem Laichwillen auch ihr Temperament und ihre Farbenpracht, und man wird feststellen, daß bei verschiedenen Arten auf einmal farbliche Merkmale auftauchen, die man sonst kaum sieht. Ich denke da vor allem an die helle Blesse der *M. boesemani* oder *M. lacustris* und die goldenen Rükken- und Afterflossen der Pagwis. ›Stark‹ sehen verschiedene Arten aber auch in der Nachtfärbung aus, die – etwas pauschal ausgedrückt – meist eine Dunkelfärbung ist, jedoch nicht ohne Farbakzente. So kommen Kontraste in der Nachtfärbung oft besonders effektvoll zur Geltung: Bei *M. herbertaxelrodi* treten die Längsstreifenelemente kräftig hervor, *Chilatherina fasciata* zeigt breite dunkle Flossensäume und *M. lacustris* ist für diese Art der Umfärbung ein schönes Beispiel, weil der nun blauschwarze Rücken deutlich von der silbrighellen Bauchpartie abgesetzt erscheint.

Ich könnte noch von anderen Faktoren sprechen – etwa der Dominanz in einer Artengruppe oder im Becken, der Rangordnung, der Anwesenheit von Geschlechtspartnern und Rivalen oder der Bedeutung des Raumfaktors, da zumindest die Männchen zeitweilig territoriales Verhalten zeigen. Ich will aber lieber auf andere Punkte zu sprechen kommen, die mir wichtiger sind, weil man fast überall lesen kann, daß die Wasserwerte (im weitesten Sinne) kaum eine Rolle spielen. So muß der Eindruck entstehen, Haltung und Zucht der Regenbogenfische sei ein Kinderspiel und man brauche sich um nichts zu kümmern. Andererseits weiß und betont man, daß Regenbogenfische klares und sauerstoffreiches Wasser lieben, weil sie entweder aus klaren (Berg-)Seen oder (schnell) fließenden Klarwasserflüssen stammen. Ein Problem, das man in diesem Zusammenhang leicht übersieht, ergibt sich für die Aquarienhaltung aus der Tatsache, daß ein leistungsstarker Filter nicht nur für klare Verhältnisse, sondern auch für Wasserbewegung sorgt, was ja zumindest für die

△ Balzaktives Männchen von *Melanotaenia lacustris* in Prachtfärbung.

„Pagwi-Regenbogenfisch" *Melanotaenia affinis:* balzaktives Männchen. ▽

in Flüssen beheimateten Arten kein Nachteil ist. Aber wenn man das Aquarium schön bepflanzen möchte, gibt es Schwierigkeiten: CO_2 wird ausgetrieben, das Pflanzenwachstum stagniert, Pinselalgen siedeln sich an. Nun kann man natürlich ein Filtersystem wählen, das auch ohne Strömung effektiv arbeitet – allerdings wird man dann den Fließwasserbewohnern nur bedingt gerecht. Wie man sich auch dreht und wendet, ohne Kompromisse geht es nicht.

Ein zweites Problem ergibt sich aus den Anforderungen an die Wasserwerte. Sehen wir uns doch einmal die – leider wenigen – vorliegenden Angaben über die Bedingungen in den Heimatgewässern dieser Fische an, die im wesentlichen aus Reiseberichten von H. BLEHER und aus dem schon erwähnten Buch von ALLEN & CROSS stammen: Meist hat das Wasser einen hohen pH-Wert, so etwa im Lake Tebera (7,8) und in den Gewässern des Verbreitungsgebietes von *Chilatherina fasciata* (7,7 bis 8). In den Ajamaruseen maß Bleher 7,8, in einem Klarwasserzufluß sogar 9. (Diese Werte widersprechen pH-Angaben von ALLEN & CROSS von 6,4 bis 6,5, die mir unwahrscheinlich scheinen.) Gleichzeitig scheint das Wasser in der Regel „weich“ zu sein, wofür die Ajamaru-Werte nur ein Beispiel sind: Gesamthärte unter 1° bis 5°, Leitfähigkeit 145 bis 200 Mikrosiemens.

Was aber geschieht bei ähnlichen Bedingungen in einem voll eingerichteten, mit Pflanzen und Fischen besetzten Aquarium? Wenn das Wasser nur annähernd so weich ist, sagen wir bis 5 °dGH/KH, sackt der pH-Wert schnell in den Keller. Und ob das alle Regenbogenfischarten vertragen, will ich zumindest anzweifeln. Als ich nämlich die Dekoration meines Regenbogenfisch-Aquariums (von immerhin 400 l Fassungsvermögen) durch eine gar nicht so große, aber „neue“ Wurzel ergänzte, die ich aus dem Moor geholt hatte, verfärbte sich das Wasser binnen drei Tagen und die Fische standen unter der Wasseroberfläche oder am Boden und schaukelten beträchtlich. Bevor ich begriffen hatte, was da vor sich ging, waren die ersten halbwüchsigen Pagwis, die nach ALLEN & CROSS in Wasser mit pH-Werten zwischen 6,2 und 6,8 leben, bereits verendet.

Leider maß ich den pH-Wert nicht, und so muß ich einräumen, daß meine Wurzel das Wasser vielleicht gar nicht ansäu-

Männchen von *Melanotaenia herbertaxelrodi.*

erte, sondern nur einfärbte: Huminsäuren selbst sind farblos. Womöglich hatte ich eine stark nitrithaltige Tiefmoorwurzel erwischt. Dann hätten doch aber das Entfernen der Wurzel und ein kräftiger Wasserwechsel helfen müssen!? Doch meine Fische atmeten weiterhin heftig, schwammen an der Oberfläche und einige schossen sogar sprunghaft durch das Aquarium, bevor sie starben. Warum? Erstens könnte es sein, daß der Nitritgehalt noch immer zu hoch war. Womöglich befand sich aber auch viel Ammonium im Wasser, das bei höheren pH-Werten zum Teil zu giftigem Ammoniak wird. Im sauren Aquarienwasser sind zu wenig Nitrifikationsbakterien, die das Ammonium über Nitrit zu Nitrat abbauen können. Diese Bakterien müssen sich erst vermehren.

Ich denke, daß man trotz der ungeklärten Todesursache meiner Regenbogenfische zweierlei aus meinen Erfahrungen lernen kann: Erstens, daß der pH-Wert von Bedeutung sein könnte und zweitens, daß nur der regelmäßige (wöchentliche) Teilwasserwechsel in kleinen Mengen (bis etwa ein Drittel des

Wasservolumens) auch sinnvolle Wasserpflege ist. Problematisch wird dadurch die Haltung der Regenbogenfische nicht – wohl aber arbeitsintensiv.

Ein weiteres Problem, das die herrlichen „Morgenfische" leider auch zu „Sorgenfischen" werden läßt, sind die häufig zu beobachtenden Geschwür-Erkrankungen. Es wird nämlich viel darüber geredet, aber leider nur wenig publiziert. Vielleicht liegt das auch daran, daß man Mißerfolge nicht gern öffentlich zugibt und sich lieber mit der Aussage schmückt, gesunde Fische zu pflegen, die sich wohlfühlen. Was ich zum Thema Geschwüre gesagt bekam, zielte denn auch oft zunächst in eine entsprechende Richtung. Man hob den Zeigefinger: Vorbeugen sei besser als heulen, in „gutem" Wasser träten diese Geschwüre erst gar nicht auf.

Oder aber die Ratschläge betrafen die Behandlung der Krankheit, deren Verschlimmerung und Ausbreitung man verhindern kann. Dabei müssen natürlich chemische Mittel eingesetzt werden, und wenn ich im folgenden einige Beispiele nenne, muß ich pflichtgemäß eine Warnung vorausschicken: Vorsicht im Umgang mit diesen Mitteln – beachten Sie genau die Gebrauchsanweisungen und Herstellerhinweise und verhindern Sie den Zugang für Unbefugte.

Im Anfangsstadium helfen so leicht einzusetzende Mittel wie Methylenblau, Furamoor oder FMC (eine Mischung aus Formol, Methylen und Malachitgrün). Leider bewirken sie aber nicht, daß die Geschwüre ganz zurückgehen, und oft bricht die Krankheit nach einiger Zeit wieder hervor. Das ist auch der Fall, wenn man mit Tetracyclin (Oxytetracyclin) oder Neomycin behandelt.

Ich habe daher nach den Ursachen für diese Krankheit gesucht und glaube auch, wenigstens einen kleinen Schritt weitergekommen zu sein. Möglicherweise spielt die Temperatur eine wichtige Rolle! Anfangs hielt ich meine Regenbogenfische bei 27 °C bis 28 °C, setzte sie aber später in ein größeres Aquarium um. Dieses Becken steht deutlich kühler, das heißt die Temperatur ist von der Raumwärme abhängig und schwankt zwischen 22 und 24 °C. Nachdem die Fische umgesetzt waren, traten Geschwüre nur noch ausgesprochen selten auf.

Melanotaenia lacustris mit Geschwür auf dem Schwanzstiel.

Inzwischen bilde ich mir ein, daß sie ursprünglich verstärkt bei *G. incisus, M. lacustris* und *M. herbertaxelrodi* festzustellen gewesen waren, von denen ja zumindest die beiden letztgenannten als Hochlandbewohner unter natürlichen Bedingungen in recht kühlem Wasser (um 21 °C) schwimmen. In den heimatlichen Biotopen von *M. boesemani* wurden dagegen 27 bis 30 °C, im Lebensraum von *M. affinis* 27 bis 29 °C und im Verbreitungsgebiet von *C. fasciata* gar 28 bis 30 °C gemessen. Damit ergibt sich die Frage, ob man die Arten nicht gar nach ihren Temperaturansprüchen getrennt halten sollte, doch müßte eine entsprechende Antwort auch durch ausreichende Daten (etwa in regelmäßigen Abständen über das Jahr verteilte Messungen) gestützt werden.

Ein letzter Punkt: Ich weiß nicht, wer das Märchen aufgebracht hat, daß Regenbogenfische ihre Eier nicht fressen. Bei mir räubern sie den Laich mit aller Gier und großem Eifer! Auch laichen sie nicht nur zwischen den Pflanzen oder in einem Moosknäuel, sondern häufig auch darüber oder daneben im freien Wasser. Sind keine Pflanzen vorhanden, laichen sie auch über Sand- oder Steinboden. Die Eier kann man mit einem Schlauch absaugen, läuft aber natürlich Gefahr, Hybriden aufzuziehen, da sich in Ermangelung arteigener Partner auch artfremde Fische paaren.

Was die Bastardierung angeht, so ist die Gefahr der unerwünschten Mischzuchten zwar nicht besonders groß, doch sollten wir schon aufpassen. Daß es uns ein Anliegen sein muß, Arten und Lokalformen rein zu erhalten, ist wohl selbstverständlich. Um so ärgerlicher ist, daß immer wieder Bastarde im Handel auftauchen, die ich persönlich als mehr oder weniger gezielte Experimente verantwortungsloser Geschäftemacher ansehe, die sich von diesen ›neuen Arten‹ ein lohnendes Geschäft versprechen. Für solchen Mischmasch sollte in unseren Aquarien aber kein Platz sein.

Wenn man sich ansieht, was aus den herrlichen *M. boesemani* in den wenigen Jahren ihrer Aquarienkarriere geworden ist, dürfte deutlich werden, welcher Einsatz notwendig sein wird, um die schönen Regenbogenfischarten in ihrer natürlichen Pracht zu erhalten.

Lautlose Räuber:

Nanderbarsche

Es ist schon eine faszinierende Sache, spezialisierte Fischfresser zu pflegen und beim Beutefang zu beobachten. Dies gilt um so mehr, wenn der Kampf um das tägliche Futter nicht mit ungestümer Gewalt, sondern mit Geschick, Geduld und einem tiefen Griff in die Trickkiste verbunden ist. Die Nander sind Raubfische, die dieses Repertoire beherrschen, und für die Aquarienhaltung außerdem noch eine Reihe positiver Eigenschaften mitbringen: Sie stellen keine besonderen Platzansprüche, graben nicht, sind als ›Vielstachler‹ skurrile

Vorname ____________________

Name ____________________

Straße ____________________

PLZ/Ort ____________________

Ich interessiere mich für Bücher aus folgenden Bereichen und bitte um Prospekte:

☐ **Tier/Natur/Umwelt**
☐ **Jagd**
☐ **Heimtiere**
☐ **Aquaristik/Terraristik**
☐ **Reisen**
☐ **Garten**
☐ **Afrika**
☐ **Heimat/Kultur**

Bitte das Gewünschte ankreuzen

Weitere Interessenten sind

____

____

Diese Karte lag im Buch ____________________

____

Antwort

Landbuch-Verlag GmbH
Postfach 160

3000 Hannover 1

GEFÄLLT IHNEN DIESES BUCH...

...und möchten Sie unser vollständiges Buchprogramm kennenlernen?

Dann kreuzen Sie bitte an, über welches Interessengebiet Sie informiert werden möchten.

Landbuch-Verlag Hannover

Erscheinungen und züchten auch, wobei uns die meisten sogar mit dem Schauspiel väterlicher Brutpflege erfreuen.
Wenn sie trotz alledem nur selten gepflegt werden, so hat das vor allem drei Gründe. Erstens leben sie in ihrer Heimat sehr verstreut, so daß man sie nur schwer in größeren Stückzahlen fangen kann. Zweitens verweigern sie ausgesprochen hartnäkkig jedes gebotene Futter, es sei denn, daß es lebt. Und da ihr Nahrungsbedarf trotz ihrer geringen Eigengröße recht groß ist, wird die Futterbeschaffung in vielen Fällen zur Last oder sogar zum Problem. Drittens eignen sie sich nicht für Gesellschaftsaquarien. Entweder fressen sie ihre Beckengenossen, oder aber sie bringen sich vor deren hektischem Treiben in ein Versteck in Sicherheit. Mit anderen Worten: Nanderbarsche muß man in einem eigens für sie hergerichteten Aquarium in einer Kleingruppe unter sich halten.
Die Familie der Nandidae oder Nander gehört zu den Echten Barschen. Sie gelten als die Relikte einer in früheren Erdepochen großen Familie. Trotz ihrer geringen Größe wirken alle Arten recht robust: Ihr gedrungener, hochrückiger Körper ist seitlich stark abgeflacht. Auffällig ist die Form der Rücken- und Afterflossen, die jeweils aus einem transparenten, weichen Teil und einem gefärbten, harten Teil bestehen, die miteinander verwachsen sind. Wegen der vielen (mindestens 12, meist jedoch 15 oder 16) Hartstrahlen wirkt insbesondere die Rückenflosse wie eine grob gezackte Säge, so daß man einige Arten populär auch „Vielstachler“ nennt. Eindrucksvoll ist auch das Gesicht dieser Barsche: Der große Kopf ist meist zugespitzt, das tief gespaltene ›Faltmaul‹ kann beim Öffnen weit vorgestreckt werden. Wenn die Fische gähnen, was nach dem Fressen am häufigsten zu beobachten ist, kann man sich überzeugen, wie kompliziert der Kiefermechanismus ist und wie groß die Beute für Nanderbarsche sein darf.
Die nur sechs Arten dieser Familie sind derzeit in fünf Gattungen untergebracht. Der kleine „Blaubarsch“ *(Badis badis, Badis b. burmanicus)* und *Pristolepis fasciata* gehören schon seit längerem nicht mehr in diese Familie, deren Vertreter weit voneinander entfernt in tropischen Gebieten Afrikas, Asiens und Südamerikas leben. Dort besiedeln sie alle vergleichbare ökologische Nischen, und so ergeben sich für die Aquarienhaltung ähnliche Ansprüche. Ihr Aquarium darf kei-

nesfalls zu hell stehen und sollte nur mäßig beleuchtet werden. Es empfiehlt sich, den Lichteinfall durch großblättrige Schwimmpflanzen zu dämpfen. Wenn man dann noch flächige Steine zu lichten Höhlen zusammenstellt und möglichst viele und verzweigte Wurzeln einbringt, so daß überhängendes Geäst Unterstände schafft, werden sich die Tiere sicher wohlfühlen. Aber auch Pflanzendickichte werden als Verstecke angenommen, wobei sich die kleinen Räuber gern unter oder zwischen großflächigen Blättern aufhalten.

Dennoch ist es nicht so, daß man sie kaum zu Gesicht bekommt. Schon bald wird man ihre Lieblingsplätze kennen und wissen, wo man sie zu suchen hat. Und schließlich verstecken sie sich auch nicht im eigentlichen Sinne, sondern beziehen Position an einer geschützten Stelle und machen sich dadurch unsichtbar, daß sie sich ruhig verhalten und ihre Färbung der Umgebung anpassen. Eingewöhnte Tiere sind (im Widerspruch zu meist anderslautenden Berichten) auch nicht scheu. Nach meinen Erfahrungen reagieren sie kaum auf das, was außerhalb des Aquariums geschieht – nicht einmal auf hastige Bewegungen.

Viel Schwimmraum brauchen die Tiere nicht. Sie schwimmen nämlich nicht ständig umher, sondern verharren oft stundenlang bewegungslos an ihrem Lieblingsplatz, oder aber sie manövrieren im Zeitlupentempo durch das Unterholz. Etwas mehr Lebhaftigkeit ist nur angesagt, wenn sie hungrig sind oder wenn es gar darum geht, Futter zu jagen. Aber halt: Eigentlich verfolgen sie ihre Beute nicht einmal, sondern pirschen sich bestenfalls an, indem sie durch ihre Form, Färbung und Schwimmweise ein abgestorbenes Blatt imitieren, das ›bewegungslos‹ im Wasser treibt. Zu diesem Zweck können alle Arten ihre Färbung erstaunlich schnell und drastisch ändern! Die für ihr aktives, gesteuertes Schwimmen notwendigen Bewegungen sind nahezu unsichtbar. Nicht umsonst sind nämlich die Brustflossen, die Schwanzflosse und die weichstrahligen Teile der Rücken- und Afterflosse völlig transparent. Oft warten die Tiere aber auch geduldig ab, bis ihnen die Beute geradezu vor ihr Maul schwimmt. Dann aber schnellt der weit vorstülpbare Fangapparat der kleinen Nander urplötzlich vor, wobei ein Sog entsteht, der die Beute geradezu in das Maul hineinreißt.

Die unterschiedliche Herkunft der einzelnen Arten bedingt zumindest zum Teil abweichende Ansprüche an die Wasserwerte, weshalb ich auf diesen Punkt bei der Besprechung der einzelnen Arten eingehe.

Afronandus sheljuzhkoi ist eine absolute Rarität aus Afrika (Südwest-Ghana, Elfenbeinküste), die ich weder gepflegt noch lebend zu Gesicht bekommen habe. Sie soll Quellgewässer in leichten Höhenlagen bewohnen und womöglich sauerstoffbedürftig sein.

Polycentropsis abbreviata ist vor allem abends, also in der Dämmerung aktiv und sieht wegen der farblosen Schwanzflosse regelrecht „verkürzt“ aus, womit sich der wissenschaftliche Artname erklärt. Der nur selten angebotene Nander stammt ebenfalls aus dem tropischen Westafrika, wo die Art in Gabun, Nigeria und Kamerun in Bächen, Sumpfgebieten und Flüssen zu Hause ist. GARTNER (Angaben nach RUCKS, 1992) fand sie in den Monaten Februar/März in Nigeria in flachem Wasser zwischen 10 und 80 Zentimetern Tiefe, wo sie sich zwischen totem Holz oder Schwimmgras aufhielten. Das Wasser selbst war mineralarm (30 bis 73 µS), sauer (pH 5,4 bis 6,2) und zwischen 25,5 und 32 °C warm.

Den größten Teil unseres Wissens über *P. abbreviata* verdanken wir R. RUCKS (1992), der die Fische auch züchtete. Nach seinen Angaben werden die Männchen nur etwa sieben Zentimeter groß, während die Weibchen bis zehn Zentimeter Gesamtlänge erreichen können. Man erkennt sie an der spitzen, ständig etwas hervorstehenden Legeröhre, während die Genitalpapille der Männchen außerhalb der Laichzeit nicht zu sehen ist. Zur Zucht eignen sich vor allem zwei- bis dreijährige Fische, die bei 27 °C, pH-Werten um 6 und einem Leitwert um 100 µS zur Fortpflanzung schreiten. Als Laichplatz bietet man am besten ein Seerosenblatt von etwa 12 Zentimetern Durchmesser an, unter dem das Männchen ein Schaumnest baut. Dazu führt es neben dem Blatt und aus dem Wasser heraus schnappende Bewegungen aus, worauf hinter dem oberen Rand des Kiemendeckels feine Bläschen hervorströmen. (Es kommt aber auch vor, daß die Art in tieferen Wasserschichten laicht, ohne daß ein solches Nest gebaut wird.)

Das Männchen balzt körperzitternd vor dem Weibchen, wobei die sonst braune Iris (die Augen haben einen Durchmesser von bis zu einem Zentimeter!) gelb leuchtet. Dann umkreisen sich die Partner unter dem Blatt, und schließlich dreht sich das Weibchen in die Rückenlage. Während es einzeln die Eier ablegt, klappt das Männchen seine Bauchflossen auf und ab und drängt sich zitternd an das Weibchen, wodurch wahrscheinlich die Spermien zum Gelege gelangen. In den Laichpausen führt das Männchen aber auch schnappende Maulbewegungen zum Gelege aus, die den gleichen Zweck haben könnten. Der gesamte Laichakt kann bis zu zwei Stunden dauern, das Gelege bis 200 Eier umfassen. Schließlich übernimmt das Männchen die Brutpflege, stellt dem Weibchen aber nicht nach.

Während der Vater die Eier bewacht, befächelt und gelegentlich mit dem Maul über die Laichkörner streicht, wobei er kauende Bewegungen ausführt, werden die Eier zunehmend dunkler, fast schwarz. Am fünften Tag schlüpfen die Jungfische und hängen an einem Schleimfaden im Nest und in dessen Umgebung, bis sie am siebten Tag frei schwimmen. RUCKS fütterte die Jungfische mit *Cyclops-* und *Diaptomus-*Nauplien, doch dürfte auch die Aufzucht mit *Artemia-*Nauplien möglich sein.

Meine *Polycentropsis* haben mich immer wieder wegen der Geschwindigkeit erstaunt, mit der sie ihre Färbung wechseln konnten. Dabei fiel mir bei der Jagd nach Fischen eine helle Blesse auf, die von der Schnauzenspitze bis zum Ansatz der Rückenflosse reicht. U. SCHERPE erklärt sie als ein Mittel, die Körperumrisse des Räubers zu verfälschen. Der weiße Stirnstreifen spaltet den Fisch gewissermaßen in zwei Hälften, so daß der Beutefisch die Bedrohung nicht erkennt. Dabei soll dieses Täuschungsmanöver nur dann angewendet werden, wenn das Beutetier als fluchtfähig eingeschätzt wird, wenn es sich also zum Beispiel um einen Fisch handelt. Werden Futtertiere angepeilt, die nicht fliehen können, legt der Räuber seine Stirnblesse gar nicht erst an.

Rechte Seite:
„Südamerikanischer Vielstachler“ *Polycentrus schomburgki,* ein Nanderbarsch: Männchen am Gelege.

Bei *Polycentrus schomburgki* ist dieselbe Jagdmethode zu beobachten. Den „Südamerikanischen Vielstachler", der unter den Nandern für die Aquarienhaltung am besten geeignet ist, sollte jeder eingefleischte Aquarianer einmal gepflegt und gezüchtet haben. Er stammt aus den Guyana-Ländern, dem nordöstlichen Brasilien und ist wohl auch in Venezuela und auf der Insel Trinidad zu Hause. In Freiheit lebende Männchen werden bis 10 Zentimeter lang, die Weibchen bleiben kleiner. Ähnlich wie bei *Belonesox belizanus* scheint es außerdem so zu sein, daß in Gefangenschaft gehaltene *Polycentrus* sowieso nicht ganz auswachsen.

Gegenüber anderen Fischen, die als Futter nicht in Frage kommen, verhält sich *P. schomburgki* völlig indifferent. Auch untereinander sind die kleinen Nanderbarsche friedlich, ja sogar gesellig. Pflegt man mehrere Exemplare, suchen sie sich ihre Standorte nicht weit voneinander entfernt. Sogar mehrere Männchen kann man auf recht engem Raum gemeinsam halten, ohne daß es zu Beißereien kommt. Bei dieser Art sind die Geschlechter ab etwa fünf Zentimetern Gesamtlänge leicht zu unterscheiden: Mit dem Eintritt der Geschlechtsreife färben sich die Männchen um. Den braunen Körper schmükken dann dunkle bis lackschwarze Flecke, die zum Teil silbrig eingefaßt, zum Teil von unregelmäßig verstreuten Glanzflekken umlagert sind. Demgegenüber hellen die Weibchen auf und sehen sandfarben aus.

Ist das Wasser warm (um 27 °C) und nicht zu hart (bis 20 °dGH), laichen die Fische ohne Umschweife. Durch Körperrucken, Schwanzschlagen und Imponiergebärden, die an das Verhalten der Buntbarsche erinnern, lockt das Männchen seine Partnerin zum Laichplatz. Bei mir paarte sich mein Männchen mit allen drei Weibchen in regelmäßigem Wechsel. Es soll aber auch vorkommen, daß ein Männchen mit zwei Weibchen gleichzeitig laicht. Erstaunlich ist die Gelassenheit, mit der die Fische laichen. Damit ich besser fotografieren konnte, manövrierte ich zum Beispiel störende Pflanzenblätter aus dem Sichtfeld, wobei die Tiere kaum zur Seite wichen. Später drehte ich sogar die Wurzel um, an die sie die Eier hefteten, und auch das brachte die Tiere nicht aus der Ruhe. Gelaicht wird an überhängenden Flächen, meist an Pflanzenblättern oder an der Unterseite von Wurzeln, aber auch in

Polycentrus schomburgki: gähnendes Weibchen.

geräumigen Höhlen. Dabei nimmt das Weibchen unter ständigem Zittern alle erdenklichen Stellungen bis zur völligen Rückenlage ein, um die Eier anzuheften. Das Männchen stand bei mir eng daneben, behielt aber seine normale Haltung bei und führte mit Körper und Flossen ruckartige Bewegungen aus, strich jedoch nicht über die Eier. Deshalb glaubte ich beim ersten Mal, der Laich werde sich nicht entwickeln, wurde aber schon nach etwa 72 Stunden belehrt, daß alles seine Ordnung hatte. Die Jungen schlüpften und wurden auch während der folgenden vier Tage, die sie noch als senkrechte ›Strichlinge‹ am Substrat hingen, aufopfernd vom Männchen bewacht und verteidigt.

Die Aufzucht ist nur insofern ein Problem, als die Kleinen ständig im Futter stehen wollen, also kaum aktiv jagen. Am besten überführt man eine geringe Anzahl in flache Glasschalen, wo man sie bei niedrigem Wasserstand von kaum mehr als einem Zentimeter mit *Cyclops*-Nauplien und Salinenkrebschen über die ersten zwei Wochen bringt. Danach sind sie etwa fünf bis acht Millimeter lang und nicht mehr ganz so träge. Dennoch geht das Wachstum nur langsam voran. Bei mir erreichten die Kleinen in acht Wochen ganze 15 Millimeter!

Monocirrhus polyacanthus ist nach der aquaristischen Literatur in Westguyana, im Amazonas-Einzug und im Rio Negro zu Hause. Ich selbst fand den sogenannten „pirú-cúa", was soviel wie „Blattfisch" bedeutet, aber auch im Orinoco-System. Etwas nördlich von Puerto Ayacucho fischten wir in einem schnell fließenden Flüßchen mit klarem Schwarzwasser (dGH und KH unter 1°; pH 5,8; 27 °C), dichten Pflanzenbeständen und viel Holz, wo wir die tagaktiven Tiere aus dem Vegetationsdickicht des Uferbereichs ›herausbaggerten‹. Die dortigen Gegebenheiten entsprechen in etwa den Angaben in Fachaufsätzen, die als günstigste Wasserwerte eine Gesamthärte von 2 bis 4°, pH-Werte zwischen 6 und 6,5 und Temperaturen von 22 bis 27 °C nennen. Ich selbst rate eher zur warmen Haltung.

Blattfische werden um die acht Zentimeter groß und tragen ihren Populärnamen durchaus zu recht. Durch Form und Färbung imitieren die unbeweglichen Schwimmer ein totes Blatt, so daß sie sich mehr oder weniger treiben lassen, um durch diese „Mimese" eine Beute zu täuschen und dann zu überrumpeln. Hinzu kommt, daß auch der Blattfisch seine Annäherung von vorn dadurch verschleiert, daß er wie die *Polycentrus* und *Polycentropsis* seinen Kopfumriß durch eine helle Blesse optisch teilt. Sein Maul ist außerdem ein noch perfekterer Fangapparat als bei seinen Verwandten, so daß er auch größere Beutefische verschlingen kann.

Als die ersten Blattfische eingeführt wurden, konnte das Faltmaul dieser Fische nicht übersehen werden. INNES (1933) schreibt: „Wenn aber der *Monocirrhus polyacanthus* gähnt, wird daraus eine enorme und staunenswerte Leistung. Das Maul scheint sich von innen heraus zu entfalten und erreicht schließlich eine überraschende Ausdehnung... Der Zweck des Stülpmaules ist bisher noch unbekannt. Man könnte wohl annehmen, daß es zum Einsaugen kleiner Futterfische dient, doch [und im folgenden irrt Innes] zeigt sich bei aufmerksamer Beobachtung nichts dergleichen. Vielleicht ist der Fisch gewohnt, nach lebendem Futter im Schlamm herumzustö-

„Blattfisch“ *Monocirrhus polyacanthus* aus dem südlichen Venezuela, „vor Ort“ fotografiert.

bern. Die häufig eingenommene senkrechte Stellung läßt diese Vermutung als gerechtfertigt erscheinen.“ Blattfische sind seltsame Geschöpfe, die auf den ersten Blick gar nicht leicht als Fische zu erkennen sind. Eine bemerkenswerte Skurrilität ist ihr Unterlippenzipfel, der in einer Kieferrinne verborgen sein kann, bei Erregung aber nach vorn hin aufgerichtet wird. Über die Funktion dieses fleischigen Hautläppchens, das den Tieren ihren Gattungsnamen (mit einem Faden) eingebracht hat, ist leider nichts bekannt. Mit Sicherheit handelt es sich nicht um ein Geschlechtsmerkmal, und zum Anlocken von Beutefischen scheint es auch nicht geeignet. Zudem kommen Exemplare mit und ohne „Bart“ vor.

Blattfische sind heikel, aber durchaus schon in Gefangenschaft gezüchtet worden. Die etwa 100 Eier werden an der Unterseite eines breiten Blattes abgesetzt. Zur Befruchtung scheint auch bei diesen Fischen das Männchen nicht über die Eier zu gleiten, nimmt aber zumindest eine leichte Schräglage ein. Die Laichkörner sind glasklar, haften direkt am Substrat oder hängen an feinen Fädchen. Die Brutpflege ist auch hier Sache des Männchens. Nach APELT schlüpfen die Jungfische bei 25 °C nach 24 bis 36 Stunden. A. v. d. NIEUWENHUIZEN spricht von vier Tagen. Die frei schwimmenden Kleinen bewältigen schon bald recht großes Futter (etwa *Cyclops*).

Von deutlich anderem „Kaliber“ als die bisher genannten Arten sind die asiatischen Nanderbarsche *Nandus nandus* (15 bis 18, höchstens 20 Zentimeter Gesamtlänge) und *Nandus nebulosus* (bis 12 Zentimeter Gesamtlänge). Hinsichtlich der Form und der Farbe ähneln sie einander sehr, doch kann man die Arten ›auszählen‹:

N. nandus (aus Indien, Burma, Nepal und Thailand) besitzt 12 bis 14 Hartstrahlen in der Rückenflosse, *N. nebulosus* (von den Sundainseln, vom malayischen Festland und aus Thailand) 14 bis 15 Flossenstacheln. Bei der letztgenannten Art sind auch die Schuppen größer. Bei *Nandus nebulosus* zählt man höchstens 35 Schuppen in der mittleren Längsreihe, bei *N. nandus* über 46.

Es ist anzuzweifeln, daß diese Fische in leicht brackigem Wasser leben. Jedenfalls gelang die Zucht bisher nur R. RUCKS (1973), der wahrscheinlich *N. nebulosus* hielt, auch wenn der Titel seines Aufsatzes anders lautet. Seine Wasserwerte lagen bei dGH 6° bis 8° und einem pH-Wert um 7. Als Geschlechtsunterschiede nennt er die etwas größeren Flossen der Männchen und deren eingebuchtete Bauchlinie. Geschlechtsabhängige Farb- und Größenunterschiede soll es jedoch nicht geben.

Schon vom Äußeren her unterscheiden sich die *Nandus* von den übrigen Gattungen, was auch für das Fortpflanzungsverhalten gilt: Die Balz besteht aus Kopfzucken und seitlichem Gerangel, wobei die Fische die Eier ausstoßen und verstreuen. Auch kurzzeitiges Umschlingen soll vorkommen. Die Jungfische schlüpfen nach zwei Tagen und stehen als dunkle Striche unter den Pflanzenblättern, bis sie nach rund einer Woche frei schwimmen. Ihr Vorderkörper ist dann dunkel, ihr Hinterkörper hell gefärbt, so daß ihre Körperumrisse aufgelöst erscheinen. (Auch Jungfische von *P. schomburgki* sind in ähnlich seltsamer Weise gezeichnet.)

RUCKS betont, daß seine *Nandus* keinerlei Brutpflege betrieben und daß er die Jungtiere nicht mit Salinenkrebschen anfüttern konnte, weil sie als Futtertiere zu groß waren. Statt

Nandus nebulosus: Seinen Hunger kann man kaum stillen!

dessen mußten *Cyclops-* und *Diaptomus*-Nauplien beschafft werden.

Bei der *Nandus*-Pflege ist die Futterbeschaffung das größte Problem. Offensichtlich fressen sie nicht nur Fische, sondern auch Kaulquappen besonders gern. Dabei wird deutlich, daß sich ihre Jagdmethode in gewisser Weise von den übrigen Nandern unterscheidet. Zwar warten auch sie in aller Ruhe ab, bis ein Beutefisch nahe genug herankommt, doch dann schießen sie blitzschnell vor. Wahrscheinlich sind diese Vorstöße notwendig, weil das Maul nicht so weit ausgestülpt werden kann.

Ich selbst habe (nacheinander) *Polycentropsis abbreviata, Polycentrus schomburgki* und *Nandus nebulosus* gepflegt und selber feststellen müssen, daß die Futterbeschaffung das größte Problem ist. Auf jeden Fall sollte man regelmäßig Teichfutter beschaffen können, wobei es weniger um Wasserflöhe und Hüpferlinge, als vielmehr um Fliegen-, Käfer- und Mückenlarven geht. Glasmückenlarven gelten bei diesen Fischen als wahre Leckerbissen. Bachflohkrebse und Kellerasseln nehmen sie ebenfalls, wenn auch nicht gerade mit Begeisterung. Auf Gegenliebe stieß ich auch mit kleinen Regenwürmern, nicht aber mit *Tubifex*. Fliegenmaden, die man in Angelgeschäften kaufen kann, schmecken ihnen offensichtlich auch, doch müssen die Tiere erst lernen, daß es sich um eine lohnenswerte Beute handelt.

Das beliebteste und natürlichste Futter sind selbstverständlich Fische, die man am besten aus Freiland-Zuchtanlagen erwirbt. Frisch gefangene junge Karauschen, Rotfedern, Orfen o. ä. sind in Aquarien gezüchteten Fischen wahrscheinlich vorzuziehen. Von den Nandern werden die Fische vor allem dann als ideale Beute angesehen werden, wenn sie nicht zu stachelig (wie etwa Cichliden) und nicht zu hochrückig oder zu groß sind. Am besten geeignet sind Beutefische von etwa einem Drittel oder Viertel der Körperlänge der Räuber. Da diese Tagesrationen vertilgen, die ihrem eigenen Körpergewicht entsprechen, kann man seine Futterfische vor dem Verfüttern mit kleinen Würmern (Grindal oder *Tubifex*) „mästen“, um nicht zu viele Fische opfern zu müssen. Außerdem kann man auf die Fütterung mit Fischen immer einen Fastentag folgen lassen.

Natürlich habe ich auch mit Ersatzfutter experimentiert: Mit Flockenfutter braucht man sein Glück gar nicht erst zu versuchen, und Rinderherz wird zwar geschnappt, aber postwendend wieder ausgespuckt. Diesbezüglich machen wohl lediglich hungrige *P. schomburgki* eine Ausnahme. Bessere Chancen hat man dagegen mit tiefgefrorenen Mückenlarven, Rogen von Weißfischen, Fisch- und Muschelfleisch. Bei Versuchen, die Fische an solche Ersatznahrung zu gewöhnen, kann es hilfreich sein, wenn man eine großflächige, schräggestellte Steinplatte in die Aquariendekoration einbezieht, über die man dann das Futter langsam hinabrollen läßt. So schafft man künstlich den Bewegungsreiz, der offenbar notwendig ist, damit die kleinen Fischfresser zuschnappen.

Literatur

Allen, G. R. & N. J. Cross (1982): Rainbowfishes of Australia and Papua New Guinea. TFH Publications, New Jersey. 141 pp.

Apelt, H. (1959): Der Blattfisch (*Monocirrhus polyacanthus* Heckel, 1840). DATZ, 12. Jahrgang, Heft 8: 235–237.

Bassleer, G. (1983): Bildatlas der Fischkrankheiten im Süßwasseraquarium. Neumann-Neudamm: Melsungen. 272 S.

Bleher, H. (1984): Mysterious Rainbowfish. T. F. H., Heft 3: 54-66 und T. F. H., Heft 5: 34–53.

Böhm, O. (1980): Problemlose Pflege und Zucht der Süßwassernadel *Syngnathus pulchellus*. Das Aquarium, Heft 1: 22–24.

Boetger, C. (1949): Das Auftreten des Amerikanischen Flußkrebses in Niedersachsen. Natur und Volk (5/6): 143–146.

Bott, R. (1949): Amerikanische Flußkrebse im Main. Natur und Volk (6/6): 139–143.

Boulenger, G. A. (1898): Poissons de l'Equateur. Bol. Mus. Zool. Anat. Comp. Univ. Turino, No 329, Vol. XIII, 1–13 und No 335, Vol. XIV, 1–8.

Brembach, M. (1976): *Nomorhamphus* – ein getarnter Halbschnäbler. Das Aquarium, Heft 10: 244–246.

– (1991): Lebendgebärende Halbschnäbler. Verlag Natur und Wissenschaft, Solingen: 201 S.

Büscher, H. H. (1988): Was fressen Cichliden im Tanganjikasee? DATZ, 41. Jahrgang, Heft 4: 36–40.

Christmann, S. P. (1985): Prächtige Schaustücke sind Harnischwelse, Panaque nigrolineatus. Das Aquarium, Heft 8: 394–396.

Convert, C. (1982): Reproduction de Procambarus clarkii. AQUARAMA, Heft 64, 14 ff.

Dittenberger, H. (1985): Zierliche Farbtupfer: Süßwassergarnelen der Gattung Caridina. Aquarium Heute, Heft 4: 16–17.

Eigenmann, C. (1919-1920): The Pygidiidae, A Family of South American Catfishes. Mem. Carneg. Mus. Am., Vol. 7, No. 5. pp. 259–488.

Eysel, Prof. Dr. W. (1983/1984): Lamprichthys tanganicanus, der Tanganjika-Leuchtaugenfisch. DATZ, 36. Jahrgang, Heft 12: 446–448 und DATZ, 37. Jahrgang, Heft 1: 6–9.

Franke, H.-J. (1985): Handbuch der Welskunde. Urania: Leipzig, Landbuch: Hannover. 248 S.

– (1986): Prächtige Salmler aus der Familie der Anostomidae oder Engmaulsalmler. Das Aquarium, Heft 10: 514–521.

Freyhof, J. (1986): Nachzucht des Zwerg-Hechtcichliden *Crenicichla wallacii* (?). DCG-Info 17 (1): 11–15.

Göthel, H. (1986): Zwei Süßwassergarnelen für das Gesellschaftsbecken. DATZ, 39. Jahrgang, Heft 2: 67–69.

Géry, J. (1960/1961): Contributions à l'étude des poissons Characoïdes (No 14). Révision de la super-espèce *Anostomus anostomua* (L.) et description de formes nouvelles: A. brevior et A. anostomus longus (Erythrinidae, Anostominae). Bull. Mus. Nat. hist. nat. (2), Bd. 32, No 6 : 498–505.

— (1977): Characoids of the World. TFH Publications, Neptune, N. J./USA, 672 S.

Grünwald, H. (1970): Einwanderer aus Amerika. Amerikanische Flußkrebse im Lippe-Seiten-Kanal. Heimatkalender des Kreises Dinslaken (NRW).

Hartl, A. (1986): Ein Juwel aus Papua-Neuguinea: *Popondetta furcata*. DATZ, 39. Jahrgang, Heft 3: 145–148.

— (1986) *Belonesox belizanus*. Ein Räuber im Westentaschenformat. DATZ, 39. Jahrgang, Heft 5: 193–196.

Hieronimus, H. (1989): Welse. Biologie und Haltung in der aquaristischen Praxis. E. Ulmer: Stuttgart, 256 S.

Holly, M. (1928): Unsere Nander. Wochenschrift für Aquarien- und Terrarienkunde, 25. Jahrgang, Nr. 15: 217–218.

Horsthemke, H. (1981): Nochmals *Rhinogobius wui* (LIU, 1940). DATZ, 34. Jahrgang: 338–341 und 376–381.

— (1985/1986/1987): Grundeln (Gobioiden) für das Süß- und Brackwasseraquarium. Das Aquarium, Hefte 9/85 (454–458), 10/85 (506–512), 11/85 (562–567): Hefte 2/86 (1–7), 3/86 (123–128), 4/86 (183–186), 8/86 (410–415); 2/87 (70–75), 4/87 (190–194), 5/87 (238–240).

— (1990): Zum Fortpflanzungsverhalten und zur Entwicklung von *Rhinogobius* spec. DATZ, 43. Jahrgang, Heft 1: 17–19.

Innes, W. T. (1933): Der Blattfisch. Wochenschrift für Aquarien- und Terrarienkunde, 30. Jahrgang, Nr. 35: 553–555.

Isbrücker, I. J. H. (1980): Classification and catalogue of the mailed Loricariidae (Pisces, Siluriformes). Inst. Tax. Zoöl. Univ. Amst., No. 22, 181 S.

Kimmel, S. (1966): Stacheliges Intermezzo. DATZ, 19. Jahrgang, Heft 1: 7–9.

Kner, R. (1863): M. Wagner's ichtyol. Ausbeute in Amerika. Sitz. ber. d. k, bayr. Ak. d. Wiss., Bd. II, München, S. 220–230.

Korthaus, E. (1975): Beobachtungen in Biotopen von Halbschnabelhechten. Das Aquarium, Heft 9: 523–525.

Kullander, S. (1990): A new species of Crenicichla (Teleostei: Cichlidae) from the Rio Tapajós, Brazil, with comments on interrelationships of small crenicichline cichlids. Ichthyol. Explor. Freshwaters, Vol. 1, No. 1, pp. 85–93.

Kreuzer, E. (1987): *Rhinogobius wui*. DATZ, 40. Jahrgang, Heft 7: 293–294.

Ladiges, W. (1959): Fische aus dem Tanganjikasee. DATZ, 12. Jahrgang, Heft 6: 165–166.

Leiendecker, U. & Korthaus, E. (1981): Süßwasserkrabben aus der Familie der Grapsiden. Das Aquarium, Heft 2: 62–67.

Leiendecker, E. & U. (1982): An ihren Scheren kann man sie erkennen: Süßwassergarnelen. Aquarien-Magazin, Heft 3: 167–172.

Liem, K. F. (1970): Comparative functional anatomy of the Nandidae (Pisces: Teleostei, Perciformes). Fieldiana Zoology, Heft 56: 1–166.

Lüling, K. H. (1959): Beobachtungen am Kurzschwanzaal Synbranchus marmoratus Bloch. DATZ, 12. Jahrgang, Heft 12: 334–338.

— (1969): Seltsame Fischwelt Amazonien. Natur und Museum 99 (12): 571–579.

— (1975): Ichthyologische und gewässerkundliche Beobachtungen und Untersuchungen an der Yarina Cocha, in der Umgebung von Pucallpa und am Rio Pacaya (mittlerer und unterer Ucayali, Ostperu). Zool. Beitr. Duncker & Humblot, Berlin, Bd. 21: 29–96.

— (1980): Biotop, Begleitfauna und amphibische Lebensweise von *Synbranchus marmoratus* (Pisces, Synbranchidae) in Seitengewässern des mittleren Paraná (Argentinien). Bonn. zool. Beitr. Heft 1/2 (31): 111–143.

Machado, F. A. & I. Sazima (1983): Comportamento alimentar do peixe hematófago Branchioica bertonii (Siluriformes, Trichomycteridae). Ciència e cultura, Vol. 35, No. 3: 344–348.

Mahnert, V. (1985): Les candirus ou le danger des baignades exotiques. Rev. mens. Mus. Genève, No. 253 (3): 8–12.

Mancini, A. (1989): Les Ecrevisses (Crustacea: Decapoda: Astacoidea, Parastacoidea) dans l'aquarium. Revue fr. Aquariol., 16 (1), 7: 11–21.

Mayland, H. J. (1979): Tropische Aquarienfische (Aquarienpraxis II); Landbuch: Hannover, 404 S.

Meyer, M. K., L. Wischnath & W. Foerster (1985): Lebendgebärende Zierfische. Mergus-Verlag, Melle: 496 S.

Müller, H. (1973): Die Flußkrebse. Die langschwänzigen Decapoda Mitteleuropas und ihre wirtschaftliche Bedeutung. Brehm-Bücherei Nr. 121, Wittenberg-Lutherstadt, 2. bearb. Aufl.

Nieuwenhuizen, A. v. d. (1958): *Anostomus taeniatus* KNER. DATZ, 11. Jahrgang, Heft 8: 227–229.

– (1962): *Monocirrhus polyacanthus* – der Blattfisch. DATZ, 15. Jahrgang, Heft 3: 67–70.

– (1982): *Lamprichthys tanganicanus* – eine exotische Schönheit. DATZ, 35. Jahrgang, Heft 8: 281–283.

Ott, G. (1990): Flußkrebse. Der Amerikanische Flußkrebs, *Orconectes limosus,* ist meist nur aus dem Kochtopf bekannt. Das Aquarium, Heft 8: 5–10.

Ovchynnyk, M. (1967): Freshwater Fishes of Ecuador. Monograph Series, No 1, Latin American Studies Center, Michigan State University, pp. 1–44.

– (1968): Annotated List of the Freshwater Fish of Ecuador. Zool. Anz. Leipzig, 181, 3/4, S. 231–268.

Pagels, N. (1982): Biologische Algenbekämpfung. Für Streifenharnischwelse sind Grünalgen ein Leckerbissen. Aquarien-Magazin, Heft 1: 14–16.

Pinter, H. (1965): Zuchtversuche mit Kopfstehern. DATZ, 18. Jahrgang, Heft 3: 100–104.

Ploeg, A. (1986): The Cichlid Genus Crenicichla from the Tocantins River, State of Para, Brazil, with Descriptions of Four New Species (Pisces. Perciformes, Cichlidae). Beaufortia, Inst. Tax. Zool.. Zool. Mus. Univ. Amsterdam. Vol. 36. No. 5: 57–80.

– (1989): Zwei neue Arten der Gattung *Crenicichla* Heckel, 1840, aus dem Amazonasbecken, Brasilien. DATZ, 42. Jahrgang, Heft 3: 163–167.

– (1991): Revision of the South American cichlid genus *Crenicichla* Heckel, 1840, with description of fifteen new species and considerations on species groups, phylogeny and biogeography (Pisces, Perciformes, Cichlidae). Academisch Proefschrift, Univ. Amsterdam, 153 S.

Plöger-Brembach, K. (1982): Lebendgebärende. Kernen: Stuttgart, 176 S.

Rasch, P. (1985): Ritter ohne Furcht und Tadel. Pflege und Zucht des Amerikanischen Teichkrebses. Aquarien-Magazin 10: 428–433.

Richter, H. J. (1975): Im Wald, da wohnen die Räuber... *Polycentrus schomburgki* lauert im „Kraut". Aquarien-Magazin, Heft 7: 300–305.

– (1978): Die Geburt eines Halbschnäblers – Pflege und Zucht von *Nomorhamphus celebensis.* Aquarien-Magazin, Heft12: 192–198.

– (1992): Bewährte und begehrte Salmler. Landbuch: Hannover, 136 S.

Rochard, Chr. & E. (1984): Contribution à la maintenance et la reproduction de la crevette d'eau douce Macrobrachium lanchesteri. AQUARAMA, Heft 79, 21 ff.

Rucks, R. (1960): *Polycentrus schomburgki.* DATZ, 13. Jahrgang, Heft 4: 105–107.

– (1973): Zum ersten Mal(?) gezüchtet: *Nandus nandus* – Der Nander. DATZ, 26. Jahrgang, Heft 5: 158–160.

– (1992): *Polycentropsis abbreviata.* Beobachtungen und Erkenntnisse. DATZ, 45. Jahrgang, Heft 7: 420–422.

Saeed, B., W. Ivantsoff & G. R. Allen (1989): Taxonomic revision of the family Pseudomugilidae (Order Atheriniformes). Aust. J. Mar. Freshw. Res. 40: 719–787.

Schäfer, F. (1985): Neongrundel, *Stiphodon* spec. Das Aquarium, Heft 6: 296–298.

Schellenberg, A. (1973): Die höhere Krebsfauna im Süßwasser Deutschlands, ihre Zusammensetzung und ihr Artzuwachs. Arch. f. Hydrobiol. 31 (3): 229–241.

Scherpe, U. (1981): Nicht ganz einfach, aber interessant sind Nandiden im Aquarium. Das Aquarium, Heft 1: 18–24.

Schlüter, M. (1989): Flußkrebse aus Australien. Ritter in farbenfroher Rüstung. DATZ , 42. Jahrgang, Heft 9: 526–528.

Schmettkamp, W. (1985): Die Namen unserer Aquarienfische. Landbuch: Hannover, 208 S.

Schmitt, B. (1984): Züchterkniffe Vl, Kernen: Essen, S. 24–26.

Schweng, E. (1956): Der Amerikanische Flußkrebs im Rhein. Allgem. Fischereizeitung. 81 (1): 31–32.

Seegers, L. (1983): Biotopbeobachtungen an *Lamprichthys tanganicanus.* DATZ, 36. Jahrgang, Heft 1: 5–9.

Sosna, E. (1986): Ein Fisch wie eine Schlange: *Synbranchus marmoratus* Bloch, 1795. DATZ, 39. Jahrgang, Heft 3: 104–105.

Stamm, R. (1979): Vorwärts, rückwärts, seitwärts: Krabben legen mehrere „Gänge" ein. Aquarien-Magazin, Heft 12: 596–599.

Stawikowski, R. (1987): Ein Sonderling aus Ecuador: *Trichomycterus* spec. DATZ, 40. Jahrg., Heft 3: 162–163.

– (1989): Sartor, der „Behacker". DATZ, 42. Jahrgang, Heft 4: 251–251.

– und U. Werner (1988): Die Buntbarsche der Neuen Welt/Südamerika. Ed. Kernen/E. Ulmer Verlag: Essen, 288 S.

Sterba, G. (1970): Süßwassserfische aus aller Welt. Melsungen–Berlin–Basel–Wien, 2 Bände, 688 S.

Tomey, W. A. (1987): Die Weißwangen-Grundel *Rhinogobius wui* (LIU, 1940). Das Aquarium, Heft 8: 398–399.

– (1989): Knabbermeister im Aquarium. Die Süßwassergarnele *Caridina serrata* Stimpson, 1860. Das Aquarium, Heft 2: 77–78.

Vogt, D. (1978): Der Fisch wird teuer bezahlt – Im Hochland von Maros – Mit einer vorläufigen Beschreibung von *Nomorhamphus liemi* n. sp., DATZ 31: 5–9.

– (1978): Kennen Sie *Nomorhamphus*? Eine Übersicht und vorläufige Beschreibung einer neuen Unterart, nämlich *Nomorhamphus liemi snijders,* und einer Art, nämlich *Nomorhamphus brembachi.* DATZ 31: 222–227.

Weiss, W. (1980): Das sollen Salmler sein? Aquarien-Magazin, Heft 8: 414–420.

– (1986): Kopfsteher. Ein kurzer Streifzug durch die Familie der Engmaulsalmler. Aquarien-Magazin, Heft 12: 508–511.

Werner, U. (1978): Räuber im Westentaschenformat: *Polycentrus schomburgki.* Das Aquarium, Heft 4: 151–154.

– (1980): Krabben für das Süßwasseraquarium. Aquarien-Magazin, Heft 8: 422–425.

– (1983): Stiefkinder-Kellerkinder: Unbekannte Grundeln für das Süßwasser-Aquarium. DATZ, 36. Jahrgang, Heft 10: 361–363.

– (1984): Farbenprächtige Grundelzwerge aus Papua-Neuguinea. Aquarien-Magazin, Heft 1: 27–30.

– (1984): Halb Fisch – halb Schlange. Flösselaale *Erpetoichthys (Calamoichthys) calabaricus* (Smith, 1865). Das Aquarium, Heft 1: 2–5.

– (1985): Balzaktives Filigran: Süßwassernadeln. TI, Heft 71: 18–20.

– (1985): Wieder eingeführt: Neongrundeln der Gattung *Stiphodon*. Das Aquarium, Heft 1: 11–15.

– (1985): Bizarre Drachengrundeln *Oligolepis acutipennis* für das Süß- und Brackwasseraquarium. Das Aquarium, Heft 12: 634–639.

– (1987): Aquarienpraxis -Süßwasser-. Edition Kernen, Reimar Hobbing/ E. Ulmer Verlag, 120 S.

– (1987): Mehr als nur kulinarische Köstlichkeit – Süßwassergarnelen der Gattung *Macrobrachium* Bate, 1868. TI, Heft 84: 37–39.

– (1987): Eleganz im Großformat. Eine kapitale Salmlergesellschaft. Das Aquarium, Heft 5: 230–233.

– (1987): Eine Garnele mit ›Fächerhänden‹: *Atya moluccensis*. DATZ, 40. Jahrgang, Heft 6: 283–284.

– (1987): Gaumenfreude – Augenweide: *Procambarus clarkii*, der Nordamerikanische Teichkrebs. DATZ, 40. Jahrgang, Heft 12: 529–531.

– (1990): Qualität oder Quantität: Süßwassergrundeln der Gattung *Rhinogobius*. DATZ, 43. Jahrgang, Heft 1: 13–17.

– (1992): Fischfangabenteuer Südamerika. Reisen in Sachen Aquaristik. Landbuch: Hannover, 232 S.

Wildekamp, R. (1982): Prachtkärpflinge. Kernen: Essen, 208 S., S. 20 und 39.

Windisch, W. (1991): Zwerg-*Crenicichla* – Stationen eines Kennenlernens. DCG-Info 22 (1): 5–15.

– (1991): *Crenicichla regani* – die Zucht. DCG-Info 22 (2): 27–35.

Zukal, R. und Pekars, J. (1983): *Syngnathus pulchellus*, un poisson au corps de serpent. AQUARAMA No 71: 39–41.

Zurlo, G. (1986): Neongrundel, *Stiphodon* spec. Zucht gelungen, Aufzucht mißglückt. Das Aquarium, Heft 2: 58–61.

Stichwortverzeichnis

Hinweise auf ein Foto sind mit „F" gekennzeichnet.